교육과정-수업-평가-기록
일체화

교육과정-수업-평가-기록 일체화

초판 1쇄 발행 2017년 2월 22일
초판 10쇄 발행 2020년 12월 22일

지은이 | 김덕년

발행인 김병주
COO 이기택
CMO 임종훈
뉴비즈팀 백헌탁, 이문주, 김태선, 백설
행복한연수원 이종균, 박세원, 이보름, 반성현, 남기연, 고요한
에듀니티교육연구소 조지연
경영지원 한종선, 박란희

편집주간 이하영
편집팀 신은정, 최진영, 김준섭 **디자인** 씨오디

펴낸곳 ㈜에듀니티(www.eduniety.net)
도서문의 070-4342-6114
일원화 구입처 031-407-6368
등록 2009년 1월 6일 제300-2011-51호
주소 서울특별시 종로구 인사동 5길 29, 태화빌딩 9층

ISBN 979-11-85992-34-1 (13370)
값은 표지에 있습니다.

이 책은 저작권법에 따라 한국 내에서 보호를 받는 저작물이므로 무단 전재 및 복제를 금합니다.

학교를 바꾸고 학생의 올바른 성장을 돕는

교육과정-수업-평가-기록
일체화

김덕년 지음

에듀니티

글머리에

살고 싶다

나는 자신이 살아남기 위해, 이 나라가 살아남기 위해 학교 교육이 다시 설계되어야 한다는 당연한 말을 하고 있을 뿐입니다.

우치다 타츠루(內田 樹) 선생의 말이다. 그 어느 말보다 절절하다.
"살아남기 위해 학교 교육이 다시 설계되어야 한다."
지금까지 교육을 개혁해야 한다는 말은 많았다. 그러나 이렇게 절실한 외침은 없었다. 아이마다 잠재력을 꽃 피울 수 있는 구조를 만들어야 한다며 가능한 한 아이들 모두가 각각의 방식으로 '천재'인 구조를 만들어야 한다고 한다.
덴마크에는 '얀테의 법칙(The Law of Jante)'이 있다. '네가 특별하다거나 네가 우리보다 낫다고 생각하지 말라'는 의미이다. 경쟁에서

이기기만을 가르치는 우리가 새겨야 할 말이다.

대한민국은 지나친 입시 경쟁의 늪에서 허우적대고 있다. 2014년 4월 16일의 참담한 일을 겪었음에도 한 걸음 더 나아가지 못하고 있다. 학교를 살리는 길이라고 내놓은 방안이 오히려 학교를 더 어렵게 한다.

학교에는 분명 교사가 있고 학생이 있다. 이들은 겁먹은 눈을 하고 구명조끼를 입고 물이 들어오는 교실에 가만히 앉아 있다.

덜어내고 싶었다.

아무리 생각해봐도 지금의 학교 모습은 기울어가는 배다. 그런데도 너무나도 착한 우리 선생님들은 아이들과 함께하기 위해 선실로 들어간다.

배가 기울고 있다면 분명 까닭이 있을 것이다. 밑바닥에 구멍이 났다면 이를 막아야 한다. 짐이 많다면 버려야 한다.

교육의 문제는 교육에서 출발해야 한다.
학교에 집중해야 문제를 볼 수 있다.
문제를 알아야 해결 방법을 찾을 수 있다.

학교의 위기를 극복하기 위해서는 중심이 든든해야 한다. 학교의 중심은 무엇인가? 가장 기본 축은 '교사와 학생'이다. 이 둘의 관계가 좋아야 한다. 무엇보다도 최우선은 '관계 맺기'이다. 교사와 학생의 '관계 맺기'에서 비롯된 활동은 수업으로 나타난다. 학생들은 학교에서 대부분의 시간을 수업을 하며 지낸다. 수업을 통해 학생들의 학습역량도 향상된다. 확장적 사고를 키워갈 수도 있다. 이렇게 학생들이 성장하는 모습을 남긴 문서가 학교생활기록부이다.

입시의 변화에 따라 학교생활기록부가 중요한 문서가 되었다. 그런데 기본적인 활동에 주목하기보다는 화려한 기록의 기술에 집중하는 모습을 많이 보았다.

'또 뒤틀리는구나. 본질을 생각하고 바로잡을 수 있는 절호의 기회를 늘 이렇게 놓치는구나.'

이런 안타까운 눈으로 학교를 보았다. 그런데 이 절망의 공간에도 희망의 끈을 놓치지 않고 있는 교사들이 있었다. 이들의 소망은 의외로 단순하다.

수업 시간에 자는 아이가 없으면 좋겠다.
가르친다는 사실에 대해 생각하고 싶다.
아이들과 관계를 잘 맺고 싶다.

고민은 방법을 찾는다. 수업을 고민하고 이 수업을 발전시키다 보니 평가를 바꾸게 되었다. 저절로 교육과정 재구성을 생각하고, 학생들이 어떻게 자기 주도적으로 성장하는지를 담담하게 담으니 기록이 풍성해졌다.

교육과정-수업-평가-기록의 일체화는 간단하다. 교실에서 일어나는 활동을 서로 엮으면 된다. 그러나 서로 나뉘어 있으면 복잡하다. 교사도 힘들지만, 학생들은 더 힘들다. 물 흐르듯 자연스러워야 한다. 일상이어야 한다. 그래야 교실이 살아날 수 있다.

수업은 교사와 학생이 함께 만들어가는 종합예술이며 행위예술이다. 어느 누가 일방으로 할 수 없다. 동시에 교사는 다른 교사들과 함께 수업을 디자인하고 평가를 생각해야 한다. 그렇기 때문에 동료성이 중요하다. 그래서 교육과정-수업-평가-기록의 일체화를 하다 보면 저절로 학교 문화가 바뀐다. 이 책은 우리가 왜 교육과정-수업-평가-기록의 일체화를 해야 하는지를 담았다.

교육과정-수업-평가-기록의 일체화를 중요한 교육정책으로 삼고 많은 학교를 돌아다녔다. 경기도뿐만 아니라 교사 연수가 있다면 전국 어느 곳이든 쫓아갔다. 교육과정-수업-평가-기록의 일체화는 처음에는 낯선 용어였지만, 이제는 모두가 함께 사용한다. 교사들에게는 일상적인 용어가 되었고 교육부도 사용한다. 입학사정관들도 너무나도 당연하게 쓰고 있다. 앞으로는 내용을 어떻게 채워가는가가 관건이다. 교육의 패러다임이 바뀌는 시기이다. 교육과정-수업-평가-기록의 일체화는 학교를 활기차게 했다. 하지만 이제부터는 '무엇'으로 일체화를 할 것이며, '어떻게' 우리 아이들을 살릴 것인가를 생각해야 한다.

이 글에는 실제 우리 선생님들이 현장에서 흘린 땀을 담았다. 눈물이 들어 있다. 분노도 있지만, 가장 많은 것은 웃음이고 희망이다. 아이들과 함께 기뻐하고 즐거워하는 모습들이 녹아 있다.

아낌없이 지지하고 박수를 보내 주신 현장의 많은 수업 리더께도 감사드린다.

무엇보다도 가장 많은 시간을 함께 보내며 더불어 성장한 '교육과정-수업-평가-기록의 일체화 교사동아리'에 고맙다는 인사를 드린다. 이 글에 나오는 대부분의 사례는 이분들의 성과다. 언제나 든든하게 나눔을 통해 성장하는 벗이다.

에듀니티와의 만남은 행운이었다. 종종 만나 영혼의 교류를 하던 그 자리가 어마어마한 찰나였다. 이후 시간이 흐르는 동안 격려로 집필을 끌어내고 더 다듬어 한 권의 책을 엮어내니 참 대단한 인연의 자리이며, 순간이었다. 감사하다.

모쪼록 학교의 중심을 들여다보고 고민하는 자리가 만들어지면 좋겠다. 우리 사회에서 교사와 학생들이 확고하게 교육의 중심에 서길 바란다. 입시에 끌려다니는 교육 현장이 아니라 그걸 뛰어넘어 교육의 중심을 제대로 들여다보길 빈다.

세월호의 우리 아이들과 선생님들의 명복을 빈다.

2017. 2 . 3.
김덕년 두 손 모음

차례

글머리에 •04

1부 · 교육과정-수업-평가-기록의 일체화로 학교를 살리다

1장 왜 교육과정-수업-평가-기록의 일체화인가 •15
- 학생중심교육과 교육과정-수업-평가-기록의 일체화 •17
- 학교는 무엇을 해야 하는가 •25
- 학교생활기록부, 어떻게 기록할까 •30

2장 교육과정-수업-평가-기록의 일체화를 위해 무엇을 해야 하는가 •41
- 대학에 합격하기 좋은 학교생활기록부? •42
- 활기찬 수업은 교사의 땀이 절반이다 •52
- 뿌리가 튼튼해야 •58

3장 교육과정-수업-평가-기록의 일체화, 어떻게 할 것인가 I •63
- 수업을 맛있게 담그는 방법 •65
- 교육과정 속으로 들어온 강아지 두 마리 •73
- 평가의 패러다임이 바뀌고 있다 •80

4장 교육과정-수업-평가-기록의 일체화, 어떻게 할 것인가 II •86
- 먼저 내부역량을 키우자 •91
- 증상에 따라 처방도 다르다 •97
- 꽃은 오랜 시간 준비하고 때를 맞아 피어난다 •105

2부 · 불안은 누가 만들어내는가

5장 교사가 희망이다 • 113

    아이들과 함께하는 모든 순간이 너무나 소중하다 • 115
    선생님, 옆에만 계셔 주세요 • 117
    지금 당장 시작하라 • 123
    믿음을 주는 도구 • 126
    씨앗 교사 • 128
    교사를 춤추게 하라 • 131

6장 대학, 학교생활기록부에 반하다 • 135

    대학, 학업 역량에 주목하다 • 138
    호기심을 채우는 독서활동 • 141
    교사가 쓰는 교육활동 종합 보고서 • 143
    그래서 학교생활기록부 기록이다 • 145

7장 학교활동, 대입의 문을 여는 비밀 열쇠 • 149

    학생의 성장이력서를 거짓으로 채울 것인가 • 150
    대입의 열쇠는 학업 역량이다 • 156
    스스로 준비하는 법을 알게 하자 • 161

8장 불안은 누가 만들어내는가 • 167

    아무도 가만히 있지 않을 것이다 • 169
    세월호와 메르스 • 176
    죽은피는 뽑아내야 한다 • 182

3부 · 줄 세우지 않는 교육에서 희망을 찾다

9장 스펙이 아니라 스토리다 · 191

내 아이의 인성은 몇 점? · 194
대학보다 삶의 목표가 먼저이다 · 196
대학진학률? 그게 뭐! · 201

10장 대입을 뛰어넘다 · 207

대입이라는 거대한 벽 · 208
학교마다 입시의 벽은 다르다 · 210
대입은 정말 공교육의 벽일까? · 214

11장 그래도 학교는 변하고 있다 · 219

학교생활기록부의 배신? · 221
다시 과거로 되돌아가자? · 224
지금은 학생부종합전형 시대, 수업이 답이다 · 228

닫는 글 · 235

1부
교육과정-수업-평가-기록의 일체화로
학교를 살리다

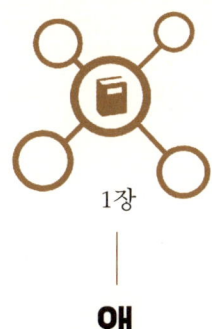

1장

왜
교육과정-수업-평가-기록의 일체화인가

 어린 시절 적당한 길이로 토막 난 비닐 파이프를 주우면 바로 머리 위로 빙빙 돌렸다. 서서히 돌기 시작하다가 어느 정도 회전력이 더해지면 비닐 파이프는 비명을 지른다. 두 다리를 땅에 딱 붙이고 힘을 더하면 소리는 더욱 높아진다. 하지만 지나치면 몸은 원심력을 감당하지 못한다. 비틀거리다가 넘어지고야 만다. 최근 교육의 모습에는 이런 아슬아슬함이 있다.
 교육의 지평이 매우 넓어지고 있다. 공간으로는 마을로 확대되고, 시간으로는 평생학습이 보편화되고 있다. 교사의 역할도 변했다. 그동안 지식의 전달자라는 소극적 입장에서 이제는 정보의 생산자이자 전달자이고 동시에 소비자로 바뀌었다. 교육의 지평이 넓으니 그 안에 담기는 내용도 다양하다. 모든 것을 교육에 다 담으려는 억지가 생기기도 하지만 그만큼 원심력도 커지고 있다. 학교를 단순하게 물리적 공간으로 규정하기 힘들다. 또한 예전에 했던 학교활동으로 교육의 역할을 말하기도 어렵다. 범위가 점점 확대되다 보니 균형추는 자꾸 비틀거린다. 원심력이 강할수록 중심부가 든든해야 한다. 그래야 튼튼하게 서 있을 수 있다.

교육의 중심축은 무엇일까? 학교는 관계로 움직인다. 그중에서도 기본 축은 교사와 학생이다. 교사와 학생의 상호작용을 통해 배움이 일어난다. 이 상호작용이 수업이다. 수업이 가장 기본 활동이라는 말이다. 교사는 무엇을 가르칠 것인가에 따라 수업의 방법을 선택한다. '강의식이 옳으냐, 학생 참여식이 정답이냐'라는 말은 논점에서 벗어난다. 강의식이든, 학생 참여식이든 어떻게 가르칠 것인가의 한 방법일 뿐이다. 그다음 고민은 평가이다. 무엇을 평가하고, 어떻게 평가할 것인가를 고민하고 학생들의 성취를 평가하고 피드백을 한다. 교사의 피드백을 받아 학생들은 다시 성장한다. 이러한 과정을 남긴 문서가 학교생활기록부이다.

교육이 오직 상급학교 진학을 위한 수단이 되어서는 곤란하다. 학생의 평소 생활에는 무관심하면서, 성적이 좋다고 편법으로 학교생활기록부를 기록하면서 유능한 교사로 대접받기를 원하는가. 그 편법은 곧 부메랑이 되어 자신을 해치고, 동시에 교육 전체를 무너뜨린다. 학생부종합전형에서 학교생활기록부 기록이 중요하다고 본질인 수업과 평가는 등한시한 채 그저 기록만 그럴듯하게 하는 미꾸라지들 때문에 이미 공교육은 걷잡을 수 없는 불신의 도가니가 되고 있다. 이 글은 편법을 유능으로 착각하는 교사들에게 던지는 경고이다.

학생중심교육과
교육과정-수업-평가-기록의 일체화

이대로 가도 우리 아이들 괜찮을까?

너무나도 익숙하고 오래된 질문이다. 교육을 걱정하는 이들의 공통된 질문이기도 하다. 경쟁 위주의 교육시스템 때문에 일찍부터 스트레스에 노출된 우리 아이들을 염려한다. 원인을 알면 해결은 쉽다. 경쟁 위주의 교육시스템을 고치면 될 것이다. 그런데도 해답은 제각각이다. 우리의 교육은 답을 찾기 어려운가? 쾌도난마(快刀亂麻). 고르디우스의 매듭[1]을 단칼에 잘라줄 영웅을 기다리고 있는 건가?

---

1 프리기아의 왕인 고르디우스가 자신의 마차를 제우스신에게 바치면서 매듭을 지어 묶어두었다. 여기에는 '이 매듭을 푸는 자, 왕이 되리라'는 전설이 있었고, 많은 사람이 도전했지만, 단 한 명도 매듭을 풀지 못했다. 알렉산더 역시 매듭을 풀기 위해 노력했지만, 쉽게 풀 수 없었다. 그러자 알렉산더는 단칼에 그 매듭을 잘라버렸다. 이후 '고르디우스의 매듭을 풀었다'라는 말은 '난해한 문제를 해결했다'는 의미로 쓰이게 되었다.

외국의 유명한 기업 경영자들은 이렇게 말한다.

세상을 경영하는 것은 C학점 학생들이다.
최고 수준의 교육도 좋은 태도를 대체할 수는 없다.
경영학 석사보다는 호감 가는 성격이 더 중요하다.
학벌보다는 열정과 목표의식이 중요하다.

이들이 젊은이에게 바라는 덕목은 한결같다. 의사소통능력, 열정, 호감 가는 성격, 리더십…. 그런데 우리는 이러한 미래 덕목조차 입시로 풀고자 했다.

그동안 우리 학생들은 단 한 번도 학교생활에서 주체가 된 적이 없었다. 하지만 이제 '학생중심'이라는 말이 일반화되면서 학생들은 수업이나 그 외 활동 시간에서 주체가 될 수 있다.

학생중심교육이란 무엇인가

우리는 '학생중심'이라는 용어를 즐겨 쓴다. 여러 가지로 해석될 수 있지만, 학생이 교육의 대상이 아니라 주체로 자리매김하는 용어라는 점에서 그 의미는 매우 크다. '주체'라는 말에는 스스로 선택할 수 있다는 의미가 담겨 있다. 그래서 학생 선택권은 매우 중요하다. 얼마 전까지만 하더라도 학생들에게 교육과정 선택은 거의 형식적이었다. 대부분 학교가 교사 수급 문제라든가, 교실의 물리적 한계를 극복하기 어려운 상황에서 학생들에게 다양한 교육과정에 대한 선택권을 부여하는 것은 불가능에 가까웠다.

이를 극복할 수 있는 방법이 없을까? 교사와 학생의 관계 맺음을 생각하고, 현재의 제한 속에서 당장 할 수 있는 부분이 바로 교육과정-수업-평가-기록의 일체화이다.

먼저 교실에서 엎드려 자는 학생들을 깨워야 한다. 잠에서 깬 학생들이 질문을 하고, 토의·토론을 통해 수업에 적극적으로 참여하게 해야 한다. 이를 학생참여수업, 또는 학생중심수업이라고 한다. 이는 교사가 일방적으로 지식을 전달하는 것이 중심인 기존의 강의식 수업과는 달리 학생의 활동이 강조된다. '배움중심수업' 등에서 학생들이 주도하는 수업이 효율적이라는 사실이 입증되기 시작하자, 교실은 급격히 학생 활동이 중심이 되는 모습으로 변했다.

토의토론식 수업, 발표 수업 등 학생의 활동이 수업의 중심이 되자, 이를 평가하는 방법도 변할 수밖에 없다. 이를 수업밀착형 평가 또는 학생관찰형 평가라고 한다. 과정을 평가하기 때문에 '과정평가'라고 한다. 수업 중에 학생 평가가 같이 이루어지는 것이다. 학생이 수업에 참여하고 활동하는 모습을 교사가 관찰하고 평가한다.

경기도교육청 '수업밀착형평가 자료집'(2015)에 재미있는 사례가 있어 인용한다.

한 체육교사가 학생들이 농구를 통해 다양한 활동을 경험하고, 자기 관리 능력과 대인관계 능력을 향상시키기 위하여 다음과 같이 수업계획을 세웠다.

1. 농구 경기 전략을 수립하고, 경기에 적용하기
2. 농구 경기 응원 문화 조성을 위한 깃발 제작
3. 창의적 연습을 통한 농구 기능 향상하기

이 수업의 한 학생은 선생님이 세운 계획에 따라 활동지도 열심히 쓰고, 응원 깃발도 잘 만들었고, 연습도 열심히 했다. 그런데 정작 교사는 수행평가를 자유투 성공 횟수로 등급을 정했다. 결국 이 학생은 지금까지의 학습활동과는 아무런 관계가 없는 것으로 평가를 받았다. 앞으로 이 학생은 수업에 참여하지 않을 것이다. 대신 학원이나 과외를 통해 자유투 연습을 열심히 하여 체육 점수를 좋게 받으려 할 것이다.

수업에 따라 평가가 변하는 것은 당연하다. 여기에 학교생활기록부 기록은 덤이다. 수업과 평가에서 학생들이 중심이 되면서 교사들은 학생들의 활동을 관찰하여 평가한다. 평가는 수치로도 나타나지만, 기술(記述)로도 한다. 수치와 기술이 총괄적으로 담긴 기록물이 바로 학교생활기록부이다. 학교생활기록부는 곧 교사의 평가물이다. 교사의 평가권을 주장한다면, 당연히 학교생활기록부 기록에 대해서도 다른 인식으로 접근해야 한다. 물론 현재 학교생활기록부가 지나치게 세밀하여 교사의 업무를 과중하게 하는 경향이 있다.

| 수업과 평가가 분절된 사례를 알기 쉽게 나타낸 그림 |

하지만 이는 개선해야 할 부분이지 그렇다고 학생들의 성장보고서인 학교생활기록부를 없애는 것은 옳지 않다.

학교 문화는 어떻게 바뀌는가

한 학교의 사례를 들어보자. 이 학교는 소도시 외곽에 자리하여 일찌감치 기피 학교로 이름났었다. 평준화 지역임에도 불구하고 늘 이 학교에 배정된 아이들은 불만이었다. 그래서 입학 날부터 전학을 가고자 하는 학생들이 줄을 섰다.

교사들은 머리를 맞대고 학교를 살릴 방도를 찾았다. 우선, 학교를 불신하는 학부모들에게 최선을 다해 학교교육과정을 설명했다.

교사들은 직접 단상에 올라 자신의 담당 교과에 대해 설명했다. 학생들이 3년 동안 어떤 단계로 배워갈 것인지 차근차근 설명했다. 일반 학교가 숫자만 잔뜩 늘어선 교육과정 편성표를 돌리고 마는 데 비하여 교사들이 직접 3년 동안 어떻게 가르칠 것인지 설명하자 학부모들은 학교를 믿기 시작했다.

그런 다음 교사들은 수업에 대해 고민했다. 이해도가 더딘 아이들을 위해 수업을 디자인하고, 학생들이 흥미를 느끼도록 구성했다. 토론수업을 많이 했다. 처음에야 토론이 샛길로 빠졌지만 꾸준히 진행하자 제법 꼴을 갖추기 시작했다. 교사들은 이 과정을 꾸준히 반복했다. 조금씩 자신감을 얻은 교사들은 동아리 활동에 주제탐구학습을 도입했다. 단계가 넘어갈 때마다 두려움이 앞서고 반대의견도 만만치 않았지만, 그래도 조금씩 발전하는 모습에 용기를 얻은 교사들은 새로운 도전을 시도했다.

이 학교 축구동아리의 한 학생은 '왜 유럽 축구는 국가 대항전보다 클럽 대항전이 더 인기가 있을까?'라는 주제를 탐구했다. 그 학생은 그 뿌리를 중세 영주 중심의 성(城) 문화에서 기원했다고 보았다. 각 성을 중심으로 공동체의 삶을 영위하던 유럽인들에게는 국가보다는 성이 삶의 근원이었고, 성과 성의 전쟁에서 생겨난 앙금이 현대에 들어와 클럽팀의 라이벌전을 형성했다는 것이다. 이런 탐구의 과정 끝에 마침내 그 학생은 축구경영관리(management)를 자신의 진로로 선택했다. 이 친구의 이야기를 듣는 동안 마음이 울컥

했다. '축구동아리라면 시간 내내 공만 차는 학교가 많은데. 이럴 수도 있구나.'

학생들이 학교에서 가장 많이 하는 활동은 무엇일까?

학교생활은 수업활동, 동아리활동, 봉사·체험활동 그리고 각종 행사활동으로 이루어진다. 우리 아이들의 하루는 이 범위 안에서도 엄청 바쁘다. 그중 가장 많은 시간을 보내는 활동은 수업이다. 그래서 학교생활이 즐겁기 위해서는 수업이 흥미로워야 한다. 수업에서 소외된 아이들은 학교가 지겨울 수밖에 없다. 학교생활의 중심은 단연코 '수업'이다.

다음 예시를 살펴보자.

한국지리 : 드림아카데미의 일환인 '학생명예교사제'의 지리과목 교사로서 '교수학습과정안'을 작성하고 수업을 진행함. '농촌체험마을의 발전방향, 슬로시티(Slow City) 운동과 우리나라의 슬로시티'를 주제로 의미 있는 동영상 자료와 사진 등 시청각자료를 효과적으로 사용하여 학생들의 관심을 이끌어냈음. 우리나라의 농촌과 관광산업을 동시에 살리고, 사람들의 삶의 질 향상을 꾀할 수 있는 농촌체험마을과 새로운 삶의 방식인 슬로시티 운동에 대해 고민한 결과를 재미있고 깔끔한 수업으로 잘 전달하였음. 특히 가장 한국적인 것이 무엇인가에 대한 고민이 엿보이는 깊이 있는 수업을 진행하였음. 순발력과 센스가 돋보이는 학생으로 첫 번째 수업 후 부

> 족한 부분을 빠르게 보완하여 2시간 후 이어진 두 번째 수업에서 놀라울 정도로 훌륭한 수업을 보여줌. 퀴즈를 준비하여 끝까지 학생들의 주의를 집중시키고 효과적으로 수업을 진행하였으며, 시종일관 세련되고 정중한 태도로 호감도 높은 수업을 진행함.

위 사례는 어느 학교의 학교생활기록부 '세부능력 및 특기사항'의 기록이다. 수업이 변해야 기록도 풍부해진다. 이러한 기록이 나오기 위해서는 '학생이 교사가 되어 진행하는 수업'이 진행되어야 하고, 실제 학생이 참여하여 수업을 해야 가능하다. 교사는 학생의 활동을 관찰하여 기록했다. 그러나 그보다 더 중요한 교사의 역할이 있다. 무엇이었을까? 바로 수업의 형태를 바꾸어 학생 참여가 가능하도록 디자인한 것이다. 이 변화가 학교생활기록부 기록을 특별하게 했다.

수업이 바뀌면 그다음 순서는 평가에 대한 고민이다. 학생이 중심이 되어 수업을 진행했는데, 학생의 활동에 대한 평가를 일제식 평가로 하는 것은 그리 적절하지 않다. 학생참여수업에서는 활동의 처음-중간-끝을 평가에 반영해야 한다. 이를 과정평가라 할 수 있다. 결국 우리는 '수업의 변화는 평가를 바꾸고, 수업의 변화는 기록을 풍부하게 한다'는 명제에 동의할 수밖에 없게 된다.

수업의 변화가 평가의 질을 높인다면, 평가의 변화는 수업의 질을 높인다.[2] 수업이 학생들의 통합적 사고력과 문제해결력 그리고 협력을 통한 탐구활동으로 학생과 교사가 함께 성장하는 배움이 일어난다면 평가는 결과중심에서 과정중심으로 바뀌어야 한다. 수업시간에 일어난 활동으로 학생들을 평가해야 한다. 과정중심평가에서는 수행평가의 비율이 커지게 된다.[3] 수행평가를 과제의 결과물로 평가하는 방식이나, 일제식 지필평가의 변형으로 생각하면 안 된다. 수행평가는 수업 중에 하는 방식이라야 한다.

학교는 무엇을 해야 하는가

한 선생님이 이렇게 물었다. "우리 학교는 혁신고등학교인데 대

---

2   위긴스와 멕타이(Wiggins & McTighe), Understanding by design, ASCD(2005)
    이는 '백워드 교육과정 설계'로 볼 수 있다. 백워드 교육과정이란 '바라는 결과 확인(목적 설정)-수용할 만한 증거 결정(평가계획)-학습경험과 수업 계획(교육과정과 수업활동계획)의 3단계 교육과정 설계 모형으로 목표 확인과 동시에 평가를 고려'하는 교육과정으로 평가를 통해 도달 목표를 확인하고 피드백을 하는 과정이다. 이런 관점에서 '성취평가제'는 평가의 패러다임을 크게 변화하게 하였다. 과거의 상대평가가 변별을 중시했다면 성취평가제는 성취도달에 더 중점을 둔다. 교사는 자신이 가르칠 내용과 학생이 도달할 성취목표를 분명히 의식하여 수업을 하고 이를 평가할 수 있도록 기준을 세워야 하며, 평가를 통해 다시 성취도달도를 확인해야 한다.
3   수업의 변화는 평가를 바꿀 수밖에 없다. 예를 들어 교과통합수업은 단순한 지필평가보다는 수업밀착형 평가나 관찰평가로 평가가 진행되어야 한다. 수업밀착형 평가나 관찰평가는 평가를 하나의 과정 관찰 기회로 제공한다. 수업 중 일어나는 학생의 활동을 직접 관찰하여 전문적으로 판단하는 평가로 형식적인 평가비율보다는 평가도구의 질이 더욱 중요하게 되며 평가 방법도 학생 참여형 수업에 맞는 방법을 적용해야 한다.

입에서 유리한 점은 무엇일까요?"

자기 주도적으로 열심히 활동하는 학생들을 보면서 분명 대입에서 유리한 점이 있을 것이라는 판단에서 나온 질문이었을 것이다.

"혁신학교라서 유리하고, 일반고라서 불리한 것은 아닙니다."

혁신학교가 생겨난 초기에는 학생들 개인에 관심을 쏟고 학생들의 성장을 위해 교육과정을 재구성하다 보니 학교생활기록부 기록이 다양했다. 그러나 이제는 대부분의 학교에서도 학생들의 성장에 관심을 갖고 다양한 프로그램을 운영한다. 학교생활기록부 기록에서만큼은 상향평준화가 이루어진 셈이다. 많은 학교에서 매우 치열하게 학생 개인의 성장에 관심을 쏟는다. 프로그램으로 학생의 성장을 이끌어내는 것보다는 교사와 학생의 관계가 넓고 깊게 형성되어야 차별화가 가능하다.

'잘 나가는 학교'라는 말에는 학교 효과에 대한 기대심리가 숨어 있다. '잘 나간다'는 말은 아쉽게도 대입의 결과를 의미할 때가 많다. 통용되는 '잘 나가는 학교'라 함은 수업도 잘하지만 결과도 좋다는 의미이니 학부모들에게는 선망의 대상이 된다. 대한민국에서 중등교육의 질을 평가하는 지표다. 불행하게도 이 말은 명문대 합격자 수로 고교를 줄 세우는 풍토 속에서 나왔다.

다행히도 이 틀에 작은 균열이 생기고 있다. 최근에는 학생의 진학지도가 고3 교실에서만 이루어지는 것은 아니다. 대학입시는 정시모집과 수시모집으로 나뉜다. 정시모집이 수능 중심이라면, 수시모집은 학교생활기록부 위주이다. 그렇기 때문에 수능에 대한 대비도 해야 하지만, 학교생활기록부도 잘 관리해야 한다.

그런데 학교생활기록부 관리는 학교의 교육과정 운영과 직결된다. '잘 나가는 학교'는 입시의 흐름을 파악하여 학생들이 다양한 활동을 할 수 있도록 교육과정을 운영한다. 교육과정은 아이들이 신나게 뛰어놀 수 있는 마당(場)이 된다. 교사는 마당에서 뛰어노는 아이들의 모습을 관찰하여 학교생활기록부에 기록한다. '잘 나간다'라는 말은 결국 다양한 교육과정을 제공하고 학생들이 폭넓은 활동을 할 수 있도록 지원한다는 의미로 바뀌고 있다.

이런 학교는 정시 중심의 교육과정을 수시 중심으로 바꿔 다양하게 운영한다. 학년별 교과나 이수 단위를 조절하여 학업 역량을 키울 수 있도록 한다. 교육과정을 과정 중심, 학생 중심으로 바꾸어 학생의 선택권을 확대한다. 교사는 강단에서 바라보는 강의식 수업에서 학생의 활동을 끌어내는 수업으로 전환한다.

다음 예시를 살펴보자.

A 사회 : 자료를 조직적으로 분석하는 능력이 뛰어나며 이를 통하여 '인권과 관련한 사회적 쟁점 조사하기' 수행평가에서 사형제도 존폐 논쟁에 대한 찬성과 반대의 입장을 고르게 자료 수집을 하였고 다른 나라의 사례들도 구조적으로 정리를 잘함. 또한 자신의

입장을 분명하게 발표하여 친구들의 박수를 받았고, 지역갈등 관련 단원에서 쓰레기 매립장 유치문제를 해결하는 역할놀이에서 지역대책위원장 역할을 맡아 매립장을 유치할 경우 마을에 나타나는 문제점을 잘 지적해내어 지역주민의 입장을 확실하게 대표해내는 등 평소 시사 문제에 관심이 많아 신문을 꼼꼼하게 숙독하여 주요 내용을 스크랩해 놓으며 신문사별 사설을 비교하여 정리함으로써 현실 사회의 주요 이슈에 대해 균형 있는 태도를 가짐.

B 경제 : 생산, 분배, 지출의 경제 순환 및 소득 재분배 과정과 경제주체들의 합리적인 경제적 의사결정이 자유시장 경제에 미치는 영향, 환율 변동이 경제에 미치는 영향, 국제수지 분류 등의 어려운 개념을 정확하게 이해함.

위 예시를 살펴보면, A에 비하여 B는 학생의 활동이 드러나지 않는다. 반면에 A는 학생의 활동 장면이 제시되고 그에 따른 학생의 활동이 제시되고 있다. '기록을 잘했다, 그렇지 않다'로 평가할 수 없다. A 교사는 A로 기록할 수밖에 없고, B 교사는 B처럼 기록할 수밖에 없다. 왜? 기록은 결국 수업의 형태가 좌우하기 때문이다. A는 학생활동중심 수업이고 B는 강의식 수업이다.

학교생활기록부 기록은 창작이 아니다. 교육 활동 속에서 일어나는 학생의 활동을 기록한다. 즉, 수업에서의 활동과 교사의 질문에 대한 학생의 반응을 기록한다. 부지런한 교사들은 분기별로 학생의 활동이 담긴 성적통지표를 가정으로 보내기도 한다. 한 달에 한 번씩 보내기도 하고, 한 학기에 한 번씩 보내기도 한다. 여기에 학생의 성장 과정을 담아낸다. 이 성장 과정을 학교생활기록부에 담아도 훌륭하다.

〈중부일보〉는 2015년 초부터 경기도 일반고의 우수 사례를 연재한 바 있다. 개별 학교가 어떻게 변하고 있는가를 잘 보여주는 사례들이다. 하지만 한편으로는 조심스럽다. 사례는 흉내 내기만 해서는 안 되기 때문이다. 아무리 훌륭한 사례라고 할지라도 그 학교의 상황과 공동체의 여건과 맞아야 하며 특히 구성원들이 몸으로 익히고 실행할 때 성공할 가능성이 커진다. 우리는 입시 결과가 좋은 학교가 실시한 프로그램이라면 무조건 흉내 내고 보는 경향이 있다. 이런 경우는 거의 성공하기가 힘들다. 성공의 열매만 보고 오랜 세월의 인고(忍苦)를 놓치기 때문이다. 인고의 시간이 있어야 열매를 맺을 수 있다.

고양 S고는 교육과정과 체험활동을 연결하여 프로그램을 운영하고 있다. 특히 독사(讀思) 프로젝트는 책을 읽고 서로 의견을 교환하는 독서프로그램의 일종이다. 파주 K고는 맞춤형 진로지도 프로그램을 운영하며 특히 취약 시기 나만의 진로 만들기와 교과 체험 활동으로 시험이 끝나고 시간을 허비하며 보내던 기간에 집중적으로 체험활동을 함으로써 효율성을 더하고 있다. 그 외에도 평택의

P고, 수원 S고, 안산 K고, 화성 A고, 성남 S고, 안성 J고, 부천 W고, 김포 S고 등 각 학교에서 진행하고 있는 교육활동 사례를 볼 수 있다.(중부일보 2014.12월~2015.7월).

이러한 학교의 특징은 무엇일까? 그것은 바로 학생들의 참여를 끌어내기 위해 교사들이 함께 고민한다는 점이다. 관리자가 일방적으로 진행하면 지속성이 없다. 이런 학교에서 관리자는 교사들이 신명 나게 프로그램에 뛰어들도록 하고, 교사들은 즐거움과 보람으로 프로그램을 운영한다. 또한 프로그램을 많이 운영하기보다는 몇 가지 프로그램에 집중한다.

과거에는 학생들의 스펙(spec)을 길러주기 위해 학교에서 행사를 많이 했다. 그러나 학생부종합전형에서는 스펙 위주의 기록보다는 학생 성장 중심의 기록이 더 높이 평가받는다. 학생부종합전형시대에는 정상적인 교육과정 운영으로 학생의 성장을 도모하는 방향으로 가야 한다.

학교생활기록부, 어떻게 기록할까

평가 관점에서 본 학교생활기록부의 의미

교사들은 그동안 학교생활기록부를 기록할 때 항목별로 쓰기에만 급급했다. 또한 항목별로 담당자가 달랐다.

그러나 대학은 학교생활기록부를 종합적으로 본다. 항목별로 유기적으로 판단하여 학생의 모습을 읽어낸다.

한양대는 '우리 대학은 학생들을 씨앗으로 바라봅니다. 그렇기에 완성된 인재를 선발하려고 하지 않습니다'라고 말하고 있다. 학업

| 학교 중심 학생부의 구조 |[4]

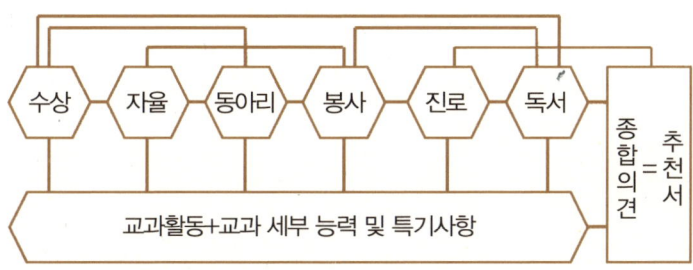

| 학생 중심 학생부 구조 |[5]

---

4 학교생활기록부 정보의 재구조화(서울대 2016, 66쪽)
5 위의 책, 67쪽

능력, 성장 잠재력, 좋은 인성을 학교생활기록부의 여러 항목을 교차하여 검증한다. 학생의 세부능력 및 특기사항을 보고 수상경력이나 교과학습발달상황과 교차하여 확인하고 검증한다.

서울대는 아예 '교실, 학교, 공부'라는 핵심어를 제시한다. 교실에서 학생이 다양한 학습방법을 활용해 자기 주도적으로 고르게 지식을 축적했는지, 필요하면 어려운 과목에 도전했는지, 학습 과정에서 협동을 경험했는지를 확인하고, 학생이 고등학교 다니는 기간 동안 탐구활동, 동아리활동, 체험학습, 교내경시대회 등에 적극적으로 참가했는지, 학생의 독서능력이 드러나는 책이나 사고력을 깊게 만든 책을 궁금해하고, 그다음 찾아 읽은 책은 무엇인지, 공부는 학교 안에서, 선생님이나 친구와 함께 적극적으로 했는지 등을 확인하기 위해 다음 질문을 제시하고 있다.

열심히 공부한 이유는 무엇인가?
노력을 통해 성장한 모습은 어떠한가?
습득한 지식을 적절히 활용한 경험이 있는가?

이러한 질문을 통해 서울대는 정답(定答, 정해진 답)보다 해답(解答)을 찾는 학생을 선발하고자 한다. 서울대는 수업 중 학습한 내용을 바탕으로 더 넓고 깊게 공부하고, 교사들의 진심과 노고가 깃든 수업에 적극적으로 참여할 것을 권한다.

학교생활기록부, 공교육 활성화의 결과

　서울대 학생부종합전형 안내서를 바탕으로 교육과정-수업-평가-기록의 일체화가 어떻게 드러나는지 알아보자. 서울대 학생부종합전형 안내서(2017)는 서울대 홈페이지와 서울대 입학본부에서 운영하는 사이트인 아로리(http://snuarori.snu.ac.kr)에서 내려받을 수 있다.

　서울대는 학생부종합전형에서 평가하는 요소를 학업 능력, 지적 성취, 지적 호기심, 자기 주도성, 적극성, 열정 그리고 개인적 특성과 학업 외 소양으로 구분하고 이를 서류(학교생활기록부, 자기소개서, 추천서)에서 무슨 항목과 연계되는지를 자세하게 설명하고 있다(34쪽 그림 참조).

　'나는 화학이 좋은데…. 화학Ⅱ를 듣고 싶은데, 우리 학교에서 화학Ⅱ 희망자가 겨우 30명뿐이라고? 생물Ⅱ는 150명이 듣는데?'

　이럴 경우 대부분은 학생의 희망과는 전혀 상관없이 생물Ⅱ를 선택하라고 한다. 이유는 단 하나이다. 내신등급 때문이다. 30명이 수업을 들을 때는 1등급이 1명 나오지만, 150명이 들을 때는 6명이 1등급이니 확률상으로 유리하다. 그러나 정작 학생이 하고 싶은 공부는 무엇일까? 거기에 귀 기울이는 어른들은 있을까?

　서울대는 교과 성적을 동일한 공식으로 수치화하여 기계적으로 반영하지 않는다고 한다. 전 교과목의 3년간의 성취도를 정성적으로 평가한단다. 그럼에도 우리는 소수점 둘째 자리까지 따지는 이유가 무엇일까? 혹시 상담하는 어른들이 아직도 자신이 학교 다니

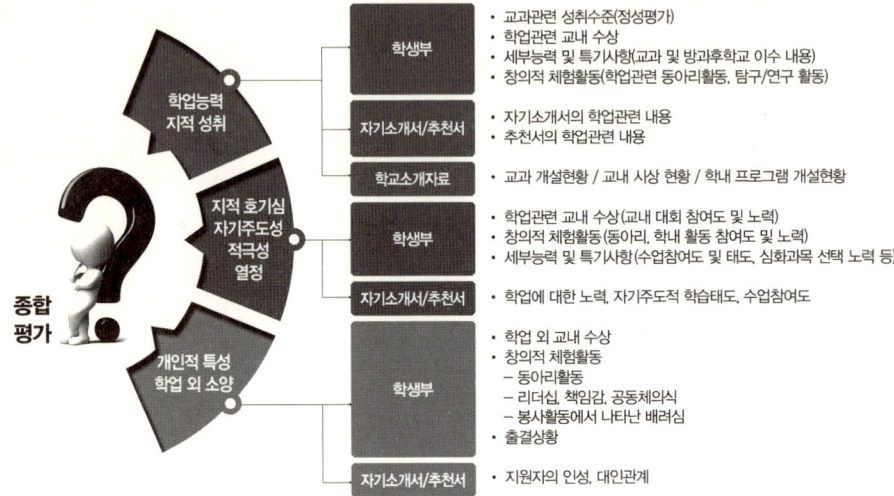

던 그 시절에 머물러 있기 때문인 것은 아닐까?

서울대가 세부능력 및 특기사항에서 전하는 메시지는 분명하다. 학생의 교과별 학습 활동 내용을 판단할 수 있는 부분으로 기재된 교재와 수업방식, 과제 수행 내용 등을 통해서 성적 수치로는 볼 수 없는 학생의 우수성을 판단하는 자료로 삼겠다는 것이다. 즉, 교사들은 미사여구를 쓰기 위해 고민하기보다는 먼저 수업을 고민하라는 말이다.

학교생활기록부 기록에서 가장 복사(Ctrl+C)와 붙여쓰기(Ctrl+V)가 많은 곳이 창의적 체험활동 항목이다. 이 항목은 1년 동안 학교 교육계획에 따라 진행한 활동을 다 기록한다. 특기사항에는 1번부터 끝번까지 모든 학생을 똑같이 기록한다. 그러니 아무리 읽어도 학생들의 활동이 나타나지 않는다. 자율활동, 동아리활동, 봉사활동, 진로활동 등에서 학교가 하는 활동보다는 학생들이 참여하고 성장한 모습을 기록해야 한다.

다음 예시를 보자.

A (CORE2) 교과서에서 배운 전자기 유도의 과학적 원리를 이용해 전류를 만들어내는 장치를 만들어 손목시계처럼 착용하여 뛰면서 생산된 전기를 충전기에 저장시켜 사용할 수 있는 독특한 장치를 만들어냄.

B 2학기 진로활동 시간에 아로 플러스 검사를 실시함. 본인의 적성에 적합한 직업 분야(중등학교 교사, 기자, 상담전문가 분야)에 대하여 진로탐색 및 진로계획서를 작성함.

A가 학생의 활동을 중심으로 기록했다면, B는 학교의 활동이 주를 이루고 있다. 기록은 학생들이 어떻게 성장했는가를 나타내야 한다.

학교생활기록부는 모두 10개의 항목으로 구성된다. 학교생활기록부를 읽는 사람들은 이 항목들을 유기적으로 확인하면서 학생의 성장 과정을 살핀다. 수업의 변화는 '세부능력 및 특기사항'에서 드러난다. 그러나 이 항목만으로 학생이 수업에 어떻게 참여했는가를 판단하는 것은 아니다. 수상, 동아리, 독서 등의 활동 기록을 가지고 종합적으로 판단한다.

　입학사정관은 학교생활기록부의 교과학습발달상황, 학업 관련 수상경력, 창의적체험활동상황, 독서활동상황, 행동특성 및 종합의견 그리고 자기소개서와 추천서 등을 통해서 학생의 학업 태도가 어떠했는지 판단하고 학업 외 소양도 살핀다.

　서울대는 학생들에게 다음과 같이 질문한다.

1. 교실에서의 수업, 교과 내용을 충분히 이해하고 내 것으로 소화했나요?
2. 내가 선생님이 되어 친구들을 가르칠 수 있을 만큼 내용을 이해했나요?
3. 내용 이해보다 문제풀이 요령을 얻고자 하지는 않았나요?

　이 질문을 교사 입장으로 보면 어떨까?

1. 학생들이 수업 내용을 이해하고 활동할 수 있도록 디자인했나요?
2. 학생들이 직접 수업에 참여하여 다른 학생들과 함께 고민할 수 있도록 진행했나요?
3. 문제풀이 요령을 가르치려고 하지는 않았나요?

A 세계지리 : 2학기 초 세계지리 수업 시간에 크로아티아에 관해 학습하면서 호기심을 가지고 〈크로아티아 블루〉(김랑)를 읽고 크로아티아가 약 3,000년이라는 오랜 역사를 가진 나라이며 아름다운 건축물 속에 숨겨져 있는 전쟁의 흔적을 새롭게 알게 됨. 유고 내전에 대해 자세히 알고 싶어 〈발칸의 음모〉(신두명)를 읽고 유고 내전이 인종 분쟁이라기보다는 정치인들의 권력 투쟁이었다는 시각을 갖게 됨.

B 도덕 : 독서에 대한 관심과 열의가 높으며 책을 통해 습득한 지식을 토대로 〈도가니〉(공지영)에 나타난 사회현상이나 문제점 등을 폭넓게 이해하고 바람직한 사회를 형성하고 만들기 위해 나아갈 바를 인식함.

독서의 중요성은 모두들 알고 있다. 그런데 문제는 이 독서마저 입시의 수단으로 접근한다는 점이다. 위에서 A는 독서를 '호기심'에서 시작했다. 수업 시간에 생긴 궁금한 사항을 독서로 해결했고 이를 또다시 독서로 심화시켰다. 교사는 이 과정을 세밀하게 기록하여 학생의 독서 모습을 보여주고 있다.

교사의 입장에서는 학생의 독서 활동을 지켜보고 기록하는 것이 참 어렵다. 따라서 교사와 학생의 친밀도가 있어야만 기록이 가능하다. 독서는 다른 영역과 연결되어 나타난다. 생각하는 힘, 글쓰기

능력, 전문지식, 의사소통 능력 등이 함께 드러난다. 단지 책을 읽어야 한다는 의무감으로 많은 책을 읽기보다는 '수많은 책 가운데 그 책이 나에게 왜 의미가 있었는지, 읽고 나서 나에게 어떤 변화를 주었는지' 생각해야 한다.

학생의 '성장'은 어떻게 나타날까?

[1학년] 자신이 하고자 하는 일에 비교적 뚜렷한 목표와 생각을 가지고 있으며, 성격이 밝고 명랑하여 대인관계가 매우 원만함. 국어, 외국어에 비해 수학이 조금 떨어지는 편이지만 자신의 미래를 위해 꾸준히 노력하고 있어 더 큰 성장이 기대됨.

[2학년] 맑고 선한 성품을 가진 학생으로 마음이 따뜻하여 교우관계가 원만함. 지역의 어려운 학생들을 가르치는 푸른 교사 활동으로 중학생들을 가르치면서 책임감을 기를 수 있는 기회를 삼았고, 수학을 가르치는 것에서 그치지 않고 중학생들의 고민을 함께 상담해주는 따뜻한 모습을 가졌음. 자신의 학업에도 집중하고 노력하는 모습이 급우들 사이에서 모범적인 학생임. 공부하는 시간에는 놀랍도록 집중하여 바른 공부 자세를 보이고 있으며 6명의 친구와 스터디 그룹을 결성하여 어려운 문제들을 서로 가르쳐 주고 함께 고민을 나누어 학업 성취도도 향상되었음.

앞의 예시는 형태로 보아 '행동특성 및 종합의견'의 기록이다. 수학 교과에 대한 기록을 중심으로 살펴보면, 이 학생은 1학년 때 드러난 자신의 단점을 극복하기 위해 2학년 때 많은 노력을 했다. 입학사정관이 수학 교과에 대해 확인하려면 당연히 교과학습발달상황에서 하면 된다. 2학년 때에 나타난 변화를 확인하는 부분도 마찬가지, 교과학습발달상황과 동아리활동을 살펴보면 간단하다.

교사가 의도적으로 학생의 변화를 드러내기는 어렵다. 1학년 교사는 분명 '수학이 조금 떨어지는 편'이라고 기록했다. 이는 교과학습발달상황을 보면 확인할 수 있는 부분이기에 허위기재는 아니다. 당연히 기록해야 한다. 그러나 교사라면 그 다음 행동이 중요하다. 바로 상담이다. 이 교사는 학년 말 그 바쁜 와중에도 이 학생과 상담을 했다. 수학 성적에 관해 이야기를 했다. 그냥 열심히 하라고만 하면서 어깨를 두드렸다면 이 학생이 2학년 때 변화가 있었을까? 1학년 교사는 구체적으로 안내를 했다. 학생에게 도움이 될 동아리를 소개해주었다. 2학년이 되어 수학 성적을 올리기 위해서는 어떤 노력을 해야 하는지도 조언해주었다. 그 결과 학생은 2학년이 되어 성취도가 올라갔다.

기록은 기록을 위해서만 존재하는 것이 아니다. 교사가 1년 동안 학교에서 하는 교육 활동 속에서 학생이 어떻게 성장했는가를 담는다. 그래서 이런 당부가 가능하다.

'서울대학교 입학사정관은 학교생활기록부 세부능력 및 특기사항의 기록을 꼼꼼히 읽으며 교실에서 어떤 수업이 이루어졌는지 파악합니다. 그 과정에서 학생은 어떤 능력을, 어떤 소양을 키우고 발휘해 왔는지 판단합니다. 따라서 세부능력 및 특기사항 안에 학생 개인마다의 학습활동 내용을 담아주시기 바랍니다. (중략) 각 과목 수업에 임하는 자세, 수업에서 보인 적극성, 학업 소양과 특성 등 선생님들이 보는 그대로를 기록해 주시기 바랍니다.'

교육과정-수업-평가-기록의 일체화는 단절된 활동이 아니다.

학생 중심의 교육과정을 고민하고 공교육 활성화 방안을 찾는 과정에서 자연스럽게 나타난다. 이는 학교에서 가장 중심이 되는 교수 학습 관계를 바로 세우는 일이다. 이를 위한 첫걸음은 교사의 자율성과 책무성, 그리고 학교의 민주적 소통 문화가 바탕이 되어야 한다.

2장

교육과정-수업-평가-기록의 일체화를 위해 무엇을 해야 하는가

손가락질을 하기는 쉽다. 부러워하기도 쉽다. 그러나 내가 손과 발을 움직여 변화를 만들어내기는 어렵다. 용기도 있어야 하고, 지혜가 필요하기도 하다. 결단력도 있어야 하며, 다른 사람을 설득하기도 해야 한다. 역사는 움직인 사람들의 몫이다. 가만히 집안에 앉아 목소리만 높인 사람들은 결국 그렇게 그치고 마는 경우가 많다.

한 사람의 인생궤적을 바꿀 수 있는 힘을 가진 사람, 자기가 무엇을 할 수 있는지조차 모르도록 방치된 어린아이에게 자신을 제대로 볼 수 있도록 해 주고 가야 할 방향을 가르쳐 주는 사람…. 그런 사람은 아무나 될 수 있는 게 아니라는 것을 이미 그때 어렴풋이나마 알았던 것 같아요. 나중에 분명히 알게 된 것은, 한 아이를 진심으로 사랑하고 관심을 기울이고 그 아이를 위하여 자신의 시간과 노력, 재능과 에너지를 기꺼이 희생하고 투자할 수 있는 사람만이 한 아이의 인생을 바로잡아 줄 수 있다는 것입니다. (조세핀 김, 〈교실 속 자존감〉, 22쪽)

많은 학생이 학교에 와서 내내 엎드려 잔다. 그 이유를 들어보면 과도한 학습량에 짓눌렸거나 아예 학습에 대한 흥미를 잃었기 때문이다. 그렇다고 이 아이들을 그냥 버려둘 수는 없다.

대학에 합격하기 좋은 학교생활기록부?

다음은 어느 학교의 '설명문 쓰기 수행평가 안내문'이다.

※ 다음을 참고하여 설명문을 쓰시오
1. 국어 활동지 30, 31, 38을 참고하시오.
2. 과학 활동지 Ⅵ-1, Ⅵ-2를 참고하시오.
3. 과학교과서 263~267쪽을 참고하시오.

※ 설명문의 주제 : 분자 운동인 증발과 확산을 설명하시오.
조건 : 1. 앞에 제시된 1, 2, 3의 텍스트를 참고하여 설명문을 쓸 것
   2. 증발과 확산을 활동지 30의 여러 가지 설명 방법을 사용하여 설명할 것
   3. 제목은 자신이 생각하여 붙일 것

 어느 학교일까? 이 정도의 과제로 수행평가를 할 정도라면 어느 정도 글쓰기 능력이 있어야 한다. 적어도 설명문이 어떤 성격의 글인지 그리고 설명 방법에 대해서도 알아야 한다. 그건 국어 교과에서 해결할 수 있는 문제이다. 수행평가는 과학 교과와 연결되어 있다. 분자 운동이 무엇인지 알아야 할 것이고 증발과 확산이라는 개념도 이해해야 가능하다.
 우리가 아는 몇몇 학교 이름을 거론해도 이렇게 통합적인 내용을 쉽게 던질 수 있는 학교는 보기 드물다. 대부분 학교는 수행평가를 단독 교과로 시행한다. 과학은 실험을 주로 한다. 멋지게 실험복을 입고 모둠별로 늘어서면 교사가 칠판에 제목을 적는다. 자, 드디어 시작이다. 하지만 각 모둠에서 주도적인 아이들은 성적이 좋거나, 성격이 좋은 아이들이다. 그러나 앞에서 제시한 수행평가는 그동안 수업 시간에 배운 내용을 바탕으로 학생들이 각자 써 나가면 된다. 제시된 자료는 시험 시간 중 언제라도 꺼내 참고할 수 있다. 그대로

베낄 수 있는데 굳이 외울 필요가 있는가? 그냥 활용하는 법을 아는 것이 더 좋은 공부 방법이다.

아차, 아직도 학교 이름을 말씀드리지 못했다. 그전에 아이들에게 위의 수행평가 문제를 주고 풀어보기를 권해보라. 어떤 반응이 일어날까? 사실 제시된 자료는 수업을 통해 접해보지 못했을 것이니 '조건'에 맞추어 글을 완성하기는 어려울 것이다. 만만치 않다.

하지만 이런 수행평가가 가능한 학교라면 아래 서울대에서 제시한 '예시자료'와 같은 기록이 가능하지 않을까?

※ 세부능력 및 특기사항
학생이 이수한 교과의 수업에서 이루어진 학습활동(토론, 발표, 실험, 탐구활동 등)을 통해 학생이 실제 습득한 학업 역량들을 종합함.

[예시]
화학 : '거품의 양과 세탁 효과'를 주제로 학급 동료 3명과 연구팀을 만들어 탐구활동을 진행함. 팀원 구성, 실험 설계, 보고서 작성 과정 중 실험 설계 부문을 주도적으로 이끌었으며 교내 탐구학습 결과 발표대회에서 발표자로 15분간 결과를 보고함. 약 2개월 동안 진행한 일련의 연구와 결과 발표를 통해 과학적 탐구활동의 기본을 익혔으며 동료들과 학문적으로 소통하는 방법을 체험함.

학교 이름을 밝히지 않은 채 여기까지 왔다. 놀라지 말길 바란다. 앞에서 제시한 수행평가 문제는 고등학교가 아니라 중학교의 문제이다. 이 학교는 개별 교과에서의 수업 변화를 통해 이제는 교과통합수업을 하고 있고, 이를 바탕으로 학생들의 확산적 사고를 평가할 수 있는 통합평가를 시행하고 있다.

평가의 변화는 수업의 변화가 먼저 있어야 가능하다. 마찬가지로 학교생활기록부도 수업이 변해야 기록이 바뀐다. S고는 학생들이 졸지 않는 교실을 만들기 위해 교사들이 고민하면서 수업이 바뀌었다.

많은 학생이 수업 시간에 잠을 잔다. 학원 공부에 찌들기도 하고, 공부에 흥미가 없어서이기도 하지만 이렇게 하나 저렇게 하나 앞이 보이지 않는 자신의 삶에 대한 무기력함의 표현이기도 하다. 그런 교실을 활기가 넘치도록 바꾸어 간다면 학부모도 마음이 놓일 것이다. 공부 잘하는 아이만 있는 교실이 아니라, 내 아이도 밝게 웃고, 친구, 선생님들과 어울리는 교실. 그런 교실이라면 마음 놓고 학교에 보낼 수 있지 않을까.

현재와 같은 점수 위주의 치열한 경쟁 사회에서 그나마 이러한 암담함을 무너뜨릴 틈이 있다면 무엇일까? 교사들이 찾아낸 희망의 틈이 바로 '학생부종합전형'이다. 학생부종합전형에서 가장 중요한 서류는 두말할 필요도 없이 학교생활기록부이다. 그런데 학교생활기록부는 교육과정-수업-평가-기록의 일체화가 되지 않으면 학생 개인의 성장을 담을 수 없다.

 울산과학기술대학교(UNIST)의 주재술 입학사정관은 대학에서 우수한 학업 역량을 평가하기 위해서는 다음과 같은 여러 질문을 통해 종합적으로 평가를 한다고 말한다.

1. 수학 교과의 성적은 어떠한가
2. 학년이 올라갈수록 성적의 변화가 향상되고 있는가, 하락하고 있는가
3. 학기별로 수학 교과 관련 과목으로는 어떤 과목을 이수하고 있는가
4. 교과 성적을 향상시키기 위해 어떤 노력을 하였는가
5. 수학 교과 관련 동아리 활동은 어떠한가
6. 수학 교과 관련 각종 대회 참여와 결과는 어떠한가
7. 학생의 수학 실력에 대한 교사의 의견은 어떠한가

 이렇게 많은 질문을 던지고 그 근거를 학교생활기록부 각 항목을 통해 종합한 후에야 '따라서 학생의 수학 교과 학업 역량은 ….'이라고 판단한다.

 대부분 대학도 마찬가지이다. 고려대의 한 입학사정관도 "수업 방법을 일부라도 바꾸면 학생이 그 수업 시간 중 얻을 수 있는 것이 많을 것이고 학생을 관찰하기도 좋습니다. 이를 기록으로 나타내면 학생의 우수성을 학교생활기록부에 담을 수 있습니다"라고 말했다. 수업의 변화가 기록의 변화에 미치는 영향이 어떠한지 잘 짐작

할 수 있다.

구분	학습 내용(활동 내용)	주요 활동
수업과 평가	정지용의 시 세계 공부	1) 사전 학습지 배부 2) 학습 3) 학습내용 테스트(TBL)
	정지용의 시 세계 발표	4) 발표계획 수립 및 역할 나눔(PBL) 5) 발표 준비 6) 발표 자료 카페에 탑재 7) 모둠별 발표(5분간) 8) 추천(동료평가)
행사	문학의 밤	9) 주제탐구 발표
	문학기행	10) 정지용 문학관과 생가 방문

- 이명섭 교사 발표자료 재구성

위 내용은 이명섭 선생님의 수업 사례이다. '정지용의 시 세계'를 공부하면서 '수업-평가-기록의 일체'를 사례로 구현했다. 수업과 수행평가를 진행하고 체험활동까지 묶어냈다. 그리고 이러한 활동을 바탕으로 학교생활기록부를 기록했다.

| 이명섭 선생님의 일체화 과정 |

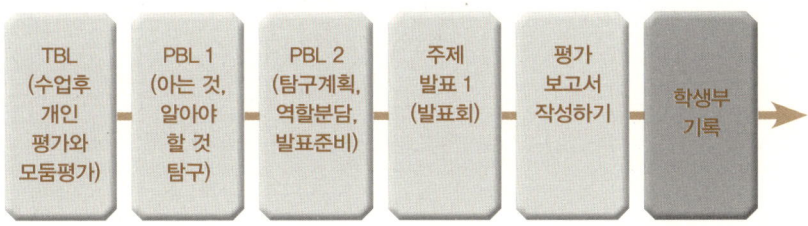

이 수업방식은 그동안 별개의 행사로 진행했던 문학의 밤과 문학기행을 수업과 연계시키기 위해 도입한 것이다. 이명섭 선생님은 2학기에 들어서면서, 주제를 '정지용의 삶과 문학'으로 삼았다. 2시간 정도 수업을 진행한 후, 개인시험과 그룹시험을 보았다. 이를 바탕으로 모둠별 발표 계획서와 PPT를 마련하여 5분간 발표하고, 반별로 1팀씩을 뽑아서 문학의 밤 주제발표를 하고, 이들을 데리고 정지용 생가를 방문하는 연계된 과정을 진행했다.

1) 1~2차시 TBL(모둠기반) 수업

정지용의 생애와 작품에 대해 공부하게 한 후, 5지 선다형의 10개 문항을 출제하여 우선 개인별 테스트를 진행했다. 그리고 같은 문제로 다시 모둠별 테스트를 실시해서 이를 수행평가에 반영했다. 반영방식은 다음과 같다.

(개인별 점수 + 모둠별 점수) * 다른 모둠원이 준 상호평가 점수의 합

상호평가는 100점 만점으로 자신을 제외한 나머지 3명에 대하여 기여도에 따라 각기 다른 점수를 부여하도록 하였으며, 이를 가중치로 평가하는 방식이다.

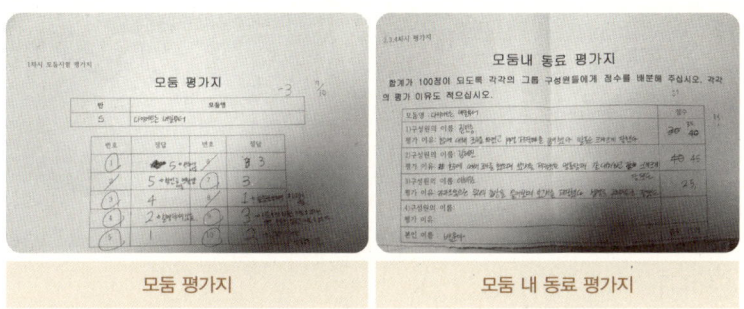

| 모둠 평가지 | 모둠 내 동료 평가지 |

2) 3~4차시 PBL(문제중심) 수업

1~2차시에 배운 내용을 바탕으로, '배운 것 – 모르는 것 – 알고 싶은 것'을 전지에 모둠별로 정리한 후, 이를 바탕으로 발표 주제를 정하고, 발표 내용과 역할별로 해야 할 일과 계획을 수립하여 발표하는 단계이다. 발표 점수와 함께 전지를 제출하게 하여 A, B, C로 평가했다.

1. 모둠별로 배운 것 정리하기   2. 발표 계획까지 짜 보기   3. 발표 및 피드백

3) 발표 자료 카페에 탑재하고 모둠별 발표하기

  PBL 수업에서 배우고 계획한 내용을 바탕으로, 수업 시간에 5분 정도 발표할 것을 1주일 정도 준비한다. 그런 다음 나루고 국어과 카페(http://cafe.naver.com/seobyi)에 자료를 탑재하게 한 후, 모둠별로 발표하게 했다. 그리고 한 모둠을 반 대표로 선정하여, 발표한 내용을 다시 가다듬게 했다.

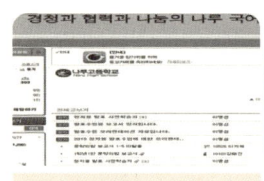 

1. 모둠별로 배운 것 정리하기   2. 발표 계획까지 짜 보기   3. 발표 및 피드백

  이때 수행평가한 내용은 다음과 같다.

  1. 교사 평가 : 과제 수행서(PBL 결과물) + 발표 내용의 논리성, 창의성, 참신성, 충실성 + 보고서 내용의 충실성
  2. 동료 평가 : 동료평가1 + 동료평가2 + 동료평가 3

=> 교사평가 점수 * (동료평가의 합/100)

4) 문학의 밤 행사 및 문학기행

반별로 대표 모둠을 1팀씩 뽑은 후, 발표 내용과 모둠원을 바꾸지 않은 상태로 발표 방법만 더 정밀하게 만들게 한 후, 문학의 밤 주제발표대회를 실시했다. 그리고 이 학생들을 대상으로 하여, 다음 날 정지용의 생가를 방문하는 행사를 함께 했다.

1. 문학의 밤 주제 발표 ①   2. 문학의 밤 주제 발표 ②   3. 문학기행

5) 학생부 교과세부능력 기록 예시

문학 : '정지용의 삶과 시 세계' 수업을 2시간 수강하고, '정지용의 유리창과 천상병의 귀천에 나타난 죽음의식의 비교'라는 주제로 모둠별 과제 연구를 하여(2015.08.17.~08.29), 두 시인의 죽음을 대하는 정서와 시어 사용의 차이를 상황극을 활용하여 수업 시간에 발표하고(2015. 08.31), 반 대표로 추천되어 교내 '가족과 함께 하는 문학의 밤' 행사에서 전교생을 대상으로 주제탐구 발표를 하

> 여, 협력하고 배려하는 발표능력이 우수함을 보임.(2015.09.18.) 다음 날 충북 옥천 정지용 생가를 문학기행 행사 방문하여, 시인의 삶과 문학에 대해 깊이 있는 체험을 함.(2015.09.19.)

대학에 합격하기 좋은 학교생활기록부는 무엇일까? 별다른 건 없다. 학생이 학교생활, 그중에서도 수업 시간에 얼마나 열심히 했나를 잘 드러낸다면 좋은 학교생활기록부이다. 결국 결론은 똑같다. 좋은 수업이 좋은 기록을 만들어낸다.

활기찬 수업은
교사의 땀이 절반이다

"저는 방학이 싫어요."
 순간 강의실은 웃음이 터졌다. 강사의 얼굴은 해맑았다. 방학이 싫다니 무슨 말일까? 그러나 강의를 내내 들은 사람들은 강사의 진정성 때문에 일말의 의심도 하지 않았다. 장곡중학교 수석교사이신 박현숙 선생님이 '성취평가제에서 수업, 교육과정, 평가'라는 제목으로 나눈 수업 바꾸기 경험을 요약하면 다음과 같다. 아이들이 살아 움직이는 교실을 꿈꾸고 이를 위해 수업을 고민하다 보니 그 수업이 다른 교과와 연계하는 통합수업이 되었다.

> 'ㄷ' 자형으로 처음 마주 보며 앉은 아이들은 쑥스러워하면서도 건너편으로 신호 보내기에 여념이 없었었다. 아이들은 자기 생각을 표현하는 것을 어려워했다. 그냥 열심히 자기 활동지에 쓰기만 했고, 공유와 소통을 잘하지 못했다. 점차 학생-학생, 교사-학생 간의 더불어 배우는 모둠별 활동지 및 발표 수업 중심의 교과 수업으로 바꾸어갔다. 그리고 모둠별 탐구 활동을 하면 수업 시간마다 1~2회 정도 책상을 돌려야 하는데 짜증을 내는 아이도 있었고 반만 돌리고 말기도 했다. 참고 또 참아야 했다. 그리고 기다려야 했다. 그랬더니 아이들이 변하기 시작했다. 모든 교실에서, 거의 모든 교사가 함께 시작하다 보니 나름 익숙해졌는지 수업 속으로, 배움 속으로 들어왔다. (박현숙 외, 〈수업고수들〉, 29쪽)

가끔 우리는 의미 있는 변화를 말할 때 교사들의 노력을 간과할 때가 있다.

"저 학교를 따라가려고 생각하면 안 돼요. 저 학교는 혁신학교로 지원이 빵빵하고 교사들도 대단해요."

"저 학교가 있는 지역은 엄청나게 인프라를 구축하고 있대요."

강의가 끝나기가 무섭게 내 주변에 앉아 있는 선생님들 사이에는 이런 말이 흘러나왔다. 그들의 이야기는 '지원이 빵빵하다. 교사들도 대단하다. 이미 노하우가 잘 쌓인 학교이다. 아이들도 잘 훈련되었다 등등'이었고, 그래서 '우리는 안 된다'였다.

우리는 너무나도 쉽게 남 탓을 한다. 어느 기업가가 한 말로 널리 회자되는 '해봤어?'라는 말을 하고 싶었다. 무엇 때문에 '안 돼'라는 말이 먼저 나올까? 우리 학교 근처에 있는 아파트 평수가 작아서 안 된다. 우리 학교는 입학성적이 너무 낮아서 안 된다. 우리 학교는 너무 외져서 안 된다 등등 이런저런 핑계를 댄다. 잡무가 많다는 말은 너무나 일상적이다. 교실에 학생 수가 너무 많다, 수업이 많다는 것도 흔한 핑곗거리이다. 구조적인 문제로 해결해야 할 부분은 구조적으로 해결해야 하고, 교사와 학생들의 관계로 풀어야 할 부분은 또 그렇게 접근해야 한다.

수업은 교사와 학생들의 관계가 최우선이다. 그런데 이 또한 대학입시를 핑계 댄다. 대학에서 점수를 요구하기 때문에 문제풀이 위주의 수업을 하고, EBS 문제집을 풀어야 한다고 말한다. 정말 그런가?

장곡중학교는 이렇게 쉽게 핑계를 대는 우리에게 대안을 제시한다. 초창기 그들은 극심한 갈등을 겪었다. 특히 주변 환경에서보다 사람과 사람의 관계에서 더 어려움을 겪었다. 하지만 교사들이 힘을 모았고, 한 곳을 바라보며 뚝심으로 걸었다. 그래서 지금의 모습이 되었다. 수업을 고민하고 평가를 바꾸는 과정을 꼼꼼하게 기록한 책이 바로 〈수업고수들〉(2015)이다. 이 책의 일부 내용을 읽으며 장곡중학교에서 수업-평가-기록을 어떻게 하나로 버무리고 있는지 살펴보자.

1. [학생중심수업으로 바꾸기] 잘하는 아이 중심인 기존의 모둠 활동이 아닌, 모두가 평등하게 배우고 협력하는 협력적 모둠 활동을 이끌어내고 그 배움을 세상이나 아이들의 삶과 연결해주어야 한다. 결국 아이들이 스스로 문제를 고민하고 탐색하고 해결해가는 과정으로서의 학생중심수업, 배움중심수업이 핵심인 '배움의 공동체'를 이루려면 교실을 평등하고 민주적인 공간으로 만들어야 한다. (31쪽)

2. [수업이 만들어낸 교육과정 재구성] 수업 혁신을 실천하면서 또 다른 고민이 시작되었다. 분절된 교육과정의 맹점과 정기 고사 이후 펼쳐지는 교실 풍경을 어떻게 수업 속에서 해결해나가야 하는지 고민했다. 행정 업무가 줄어든 혁신학교 시스템에서 자연스럽게 수업과 아이들 이야기가 대화의 중심이 되었던 교사들의 일상과 문화 속에서 새로운 방향의 수업 모델을 찾게 된 것이다. (43쪽)

3. [수업의 변화는 평가의 변화로] 수업이 바뀌니까 평가도 바뀐다는 이야기는 이제 당연한 귀결점이다. 더 이상 학교 현장에서 평가를 위한 평가나 과제 중심 평가는 설 자리를 잃었다. 그동안 꾸준히 교육과정과 맞물려 진행된 평가 혁신, 즉 수업 밀착형 평가, 교사별 평가, 상

시 평가, 정의적 능력 평가 등의 기저에는 결국 수업의 흐름이 그대로 평가로 이어져서 아이들의 배움 수준을 끌어올릴 수 있는 평가로 변화해야 한다는 요구가 자리한다. (56쪽)

| 교과통합수업 및 연계 평가 사례 |

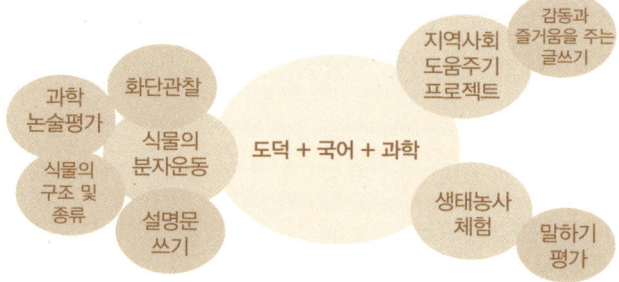

4. [피드백으로서의 기록] 평가의 가장 큰 목적은 무엇일까? 아이들의 성취 정도를 파악하는 것? 물론 아이들의 성취 정도를 파악하는 것이 중요하다. 그렇다면 아이들의 성취 정도를 파악하는 목적은 무엇일까? 성취 정도에 따라 줄을 세우기 위해서? 그건 아니다. 평가 결과를 다시 아이들에게 환원함으로써 또 다른 배움과 성장의 기회를 주기 위함이다. (313쪽)

왜 우리는 교육과정-수업-평가-기록을 하나로 버무려야 하는가? 그것은 '지금' '바로' '내' 앞에 있는 아이들이 죽어가는 것을 지켜

볼 수 없기 때문이다. 우리 아이들이 배움의 공간에서 소외되지 않길 바라기 때문이다. 특별한 교육적 소명 의식 때문이 아니다. 교사의 시선이 아이와 맞닿는 순간, 수업의 전면에 학생이 등장한다. 학생이 주인공이 되면서 수업이 바뀌고, 수업이 바뀌면 나머지는 저절로 변한다. 변화는 사람이 만들어낸다. 수업을 바꾸기 위해 노력하는 교사의 땀을 보지 못한다면 결코 우리는 교육의 변화를 만들어낼 수 없다.

고다니 선생님은 여러분도 잘 알고 계시는 우스이 데쓰조 때문에 몹시 괴로웠습니다. 피를 토하며 한 발 한 발 데쓰조의 마음에 다가가고 있습니다. 고다니 선생님에게는 문제아도, 저능아도, 학교의 교사도 모두 그저 고뇌하는 인간이었습니다. 오늘 여러분께서 퇴근하시는 길에 서쪽 교사 뒤편에 가보시면 좋겠습니다. 거기에는 두 개의 작품이 있습니다. 참으로 훌륭하고 신선한 작품이죠. 그것은 문제아 데쓰조가 저능아 미나코와 함께 만든 감동적인 작품입니다. '그 데쓰조가, 그 미나코가……' 하고 생각할 것입니다. 저능아라고 불리고 문제아라고 손가락질 받는 아이들을 고다니 선생님 반의 아이들은 따뜻하게 받아들이고 선생님을 비롯하여 다들 흙투성이가 되어 살아 온 증거가 바로 그 작품이라고 생각합니다.

하이타니 겐지로가 쓴 〈나는 선생님이 좋아요〉에 나오는 대목이다. 아다치 선생님이 교무회의에서 고다니 선생을 위로하며 한 말이었다. 교육의 변화에는 교사들의 눈물(땀)이 있다. 데쓰조의 변화에는 아다치 선생님과 고다니 선생님의 눈물(땀)이 있었다.

사실 교육과정-수업-평가-기록의 일체화는 새로운 변화가 아니다. 학생을 중심에 놓고, 그동안 분절적으로 생각하던 것을 서로 연계하자는 주장이다. 구슬을 꿰자는 이야기이다.

뿌리가 튼튼해야

"소쩍새가 울면 집에 있어도 집에 가고 싶어요."

며칠 동안 식사를 도와주시던 아주머니께서 지난밤에 소쩍새 울음소리를 들었냐고 물으시며 이런 말씀을 하셨다. 자연 속에 있으면 누구나 시인이라더니 이분 역시 그러하다. 마침 소나기가 짙은 흙냄새를 풍기며 쏟아진다. 숲에 있는 모든 잎이 일제히 일어서서 노래한다. 오랜 가뭄 끝이라 온몸을 흔들어 나오는 환호가 계곡마다 솟아난다. 하늘이 비를 내리자 땅은 노래로 화답한다. 팽팽하던 일상이 지금은 잠시 멈추었다. 멍하게 있는데 풍경이 슬며시 다가온다.

입학사정관들이야말로 대입 업무에 특화되어 있다. 그들은 열악한 환경 속에서도 선발에 관여하고 대학과 고교를 연결한다. 이제는 정성평가에 대한 노하우도 어느 정도 탄탄하게 쌓였다. 이들의 등장으로 대입의 패러다임이 변했다. 그동안 정량평가 위주였던 대입을 정성평가로 바꾸었다. 대입이 바뀌니 묘하게도 고등학교 현장이 달라졌다. 학생부종합전형이 대세가 되면서 책상에만 앉아 있던 아이들이 학교활동 여기저기에 참여하게 되었다. 학교활동의 폭이 넓어졌다. 학생부종합전형의 대부분은 입학사정관이 관여한다. 그런데 아이러니하게도 입학사정관들의 신분은 안정적이지 못하다.[6]

학교는 강의식 수업에서 학생들이 참여하는 수업으로 바뀌고 있다. 반드시 학생부종합전형을 의식한 행보라고는 할 수 없지만, 그렇지 않다고 말할 수도 없다. 수업을 바꾸니 저절로 평가 방법이 바뀔 수밖에. 기존의 일제식 지필고사로는 학생들의 활동을 평가하는 데 한계가 있어 학생의 활동을 관찰하여 평가하는 과정중심평가를 확대하고 있다. 학교에서 학생들은 주로 수업, 동아리, 봉사·체험 활동, 각종 행사활동을 한다. 이중 가장 많은 시간을 차지하는 것은 수업이다. 수업에서 학생들이 소외된다면 학교생활은 재미없는 일과에 불과하다. 그래서 교사들은 수업의 변화에 집중했다. 배움중

---

6 교육부가 제공한 '2014 고교 교육 정상화 기여대학 지원사업 입학사정관 신분안정화 현황' 자료를 보면 정규직 비율은 16.4%(전체 652명 중 107명)이다. 정년보장 계약까지 합쳐도 42.4%로 절반에 미치지 못한다. 반면에 2년 미만 계약은 모두 273명으로 41.9%이다. 매년 자리를 옮기는 입학사정관이 많다는 얘기는 그만큼 아직도 학교생활기록부전형이 불안정하다는 의미이다. 학교생활기록부전형이 정착되기가 얼마나 어려운가를 보여주는 상징적인 장면이다.

심수업이니, 학생참여형 수업이니 이름은 달라도 아이들이 적극적으로 활동하며 수업에 참여할 수 있도록 하자는 게 그 본질이었다. 이렇게 수업이 바뀌니 평가도 바뀌고 또 수업이 바뀌니 학교생활기록부 기록이 풍부해졌다.

그러나 아무리 교실 수업을 바꾸고 학교 문화가 바뀌기 시작해도, 고등학교에서는 변화가 더뎠다. 대입이라는 거대한 담벼락이 가로막고 있었다. 교사나 학부모들은 학생참여식 수업에 동의하면서도 자신의 교실에서 수업을 바꾸는 것을 두려워했다. 문제풀이 기술이 좋은 학생이 대입에서 좋은 성적을 낸다는 통념 때문이다. 모 교육대학교 입학처장은 수능 점수가 임용고사 합격자 점수라고 했다. 교육자를 양성하는 대학의 입학처장이 그런 고백을 할 정도로 우리 사회에서 점수의 환상은 크다. 그런 터에 대학은 수시의 비율과 학생부종합전형의 비율을 높였다. 때마침 학교 내신은 성취도 평가로 전환되기 시작했다. 평가에 변화가 온 것이다.

학교생활기록부가 학생의 성장 이력을 담고, 여기에는 수업과 평가에 대한 기록이 중요하지만 학교의 준비는 부족했다. 이를 극복하기 위해 고민을 함께 나누는 교사동아리가 필요했다. 그래서 교사동아리를 만들었고, 그 이름은 '교육과정-수업-평가-기록의 일체화 교사동아리'였다. 참 촌스럽고 생뚱맞다. 그래도 다른 어떤 단어보다 우리가 하고 싶은 것을 잘 드러내기에 그대로 사용하기로 했다.

첫 고민은 역시 입시였다. 입시에서 학교생활기록부가 중요하다 보니 어떻게 기록해야 좋은 평가를 받을 수 있을까에 대해 고민하기 일쑤였다. 학생의 사고력을 측정하는 논술형 평가조차도 사고의 전개과정을 살피기보다는 핵심 단어가 얼마나 들어가 있는가를 기준으로 삼는 평가 체제에 익숙하다 보니, 학교생활기록부도 어떤 활동이 들어가야 하고, 수상은 얼마나 해야 하고, 동아리는 또 무엇을 해야 하는가를 고민했다. 아이는 사라지고 입시만 존재했다. 그래서 교사의 패러다임 전환이 필요했다. 교사의 패러다임이 바뀌면 학교 문화는 크게 달라질 것이라고 보았다.

입시 때문에 어쩔 수 없이 쓰는 학교생활기록부가 아니라 교사가 연중 관찰한 자료를 바탕으로 1년에 한 번씩 꼭 써야 하는 교육활동 보고서이다. 입시에 맞춘 보고서가 아니라 1년 동안 '우리 아이'가 '수업'과 '교내활동'에서 어떻게 활동했느냐를 객관적으로 기록한 문서로 접근했다.

이런 생각을 대학에 확인했다. 먼저 가까이 있는 K대학교와 손을 잡았다. 그 대학의 입학처장은 교실에서 소외된 학생들의 기록에 큰 관심이 있었다. 그래서 교사들과 함께 연구진을 구성하고 실제 학교생활기록부 기록에 대해 분석하고 대안을 제시하기로 했다. 또 다른 K대학교와는 아예 교육과정-수업-평가-기록의 일체화를 교사직무연수 형태로 만들어 교사들에게 보급하기로 했다. 그동안 대입을 핑계로 왜곡된 교육활동을 할 수밖에 없었던 고등학교가 이제는 대입을 이유로 학생들의 교육활동을 세밀하게 관찰하도록 전환한 것이다. 동아리 교사들은 교내 교육활동 중심의 대입전형, 즉 학생부종합전형이 공교육을 살리는 데 중요한 역할을 할 수 있다고 믿었기 때문이다. 경쟁에 시달리던 우리 아이들이 개개인의 성장을 중심으로 교육활동을 할 수 있도록 도와줄 수 있다고 생각했기 때문이다.

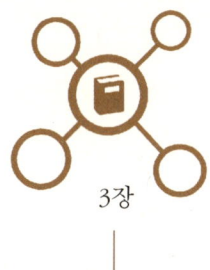

3장

교육과정-수업-평가-기록의 일체화, 어떻게 할 것인가 I

실패를 겪는 현행 공교육 체제와는 확연히 다른 대안적 방식을 활용할 수 있음에도 교육자들이 (그리고 교육자가 아닌 이들 역시) 그것을 수용하지 않으려 한다는 사실에 우리는 그다지 놀라지 않는다. 우리는 이런 저항을, 의료 전문가들이 '토마토 효과'(Segen 의학사전, 2012)라고 부르는 개념을 빌려 설명한다. (중략) 우리는 믿지 않는 것을 보려 하지 않는다. 뒤집어 말하자면 우리는 믿는 것들만 본다.

이보다 더욱 치명적인 현상을 일컬어 프랭크 윌슨 박사(2011)는 '썩은 토마토 효과'라고 불렀다. 어떤 약품이 원래 의도했던 효과 이외에 분명히 부작용이 나타남에도 사람들은 계속해서 그 약을 복용한다는 것이다. 적어도 의학계에서는 부작용이 측정되기라도 하지만 교육에서 부작용은 별로 언급되지도 않고, 조사하는 경우도 거의 없다(엘리엇 워셔, 〈넘나들며 배우기〉, 2014)

'토마토 효과'란 아무 근거 없는 추측 때문에 불필요한 일을 굳게 믿는 마음을 뜻하는 심리학 용어이다. 그 반대의 경우는 '썩은 토마토 효과'라고 한다. 부작용이 나타남에도 그 약을 계속 복용한다는 것으로 엘리엇 워셔는 교육에서 부작용은 별로 언급되지도 않고, 조사하는 경우도 거의 없어 더 문제라고 했다.

많은 교사가 현재의 교육 시스템에 대하여 문제점을 지적하면서도 기본적인 교육활동 형태는 따라 한다. 교사는 교단에서 '똑같은' 교과서로 지식을 가르치고, 학생은 책상에 앉아 열심히 필기하며 배운다. 교실은 칸칸이 구분되어 '똑같은' 수의 아이들을 수용하고, '똑같은' 음색의 시작종과 끝종으로 수업을 구분하고, '똑같은' 날에 시험을 치른다. 일정한 시간이 지나면 도달한 성취수준과는 상관없이 학년이 올라간다. 옆 학교도 같은 모습이고, 다른 시·도의 학교도 '똑같다.' 대학수학능력시험을 치르는 날이면 비행기가 뜨지 않고, 온 나라의 출근 시간이 1시간씩 늦춰진다. 그날 학생들은 하루 종일 '똑같은' 문제로 답을 선택한다. 모든 것은 '똑같이' 관리된다. 교사는 관리 시스템의 최하위 계층에 편입되어 아이들을 직접 관리한다.

교사는 그 속성상 개별적으로 독립되어 있다. 개별적으로 학생들을 만나고, 영향을 주고받는다. 교사와 학생들은 직접적이든, 간접적이든, 또는 긍정적이든, 부정적이든 앎과 삶으로 관계를 맺는다. 이런 점에서 교사는 아이들 앞에 설 때는 신중하고 진심을 다해야 한다. 수많은 미래가 교사를 바라보고 있기 때문이다.

학교에서 교사의 위치는 매우 중요하다. 교육과정-수업-평가-기록의 일체화를 어떻게 할 것인가라는 질문은 교사에게 집중될 수밖에 없다. 야구 경기로 따지면 투수와 같은 역할을 한다. 일단 그가 공을 던져야만 경기가 시작된다. 교사는 돈보다는 명예를 더 중요하게 생각하는 직업군이다. 이들이 명예를 잃으면 교육은 더 이상 힘들게 된다. 그 어떤 인센티브로도 달랠 수 없다.

수업을 맛있게
담그는 방법

교육청 내에서 부서를 옮기면서 평가와 학교생활기록부 업무를 맡았다. 각종 민원이 쏟아지는 자리였다. 학부모든, 교사든 전화로, 방문으로 그리고 온라인으로 연일 민원을 쏟아부었다. 교육부에서는 다양한 주제로 회의를 소집했다. 오죽하면 전화를 받는 그 시간이 가장 행복했을까. 적어도 전화를 받는 동안은 다른 민원 전화가 오지 못했기 때문이다. 평가든, 학교생활기록부든 모두가 신경을 곤두세우는 일이었다. 마침 대학 입시에서도 학생부종합전형이 확대되고 있었다. 교사들은 업무가 과중하다고 난리고, 학부모와 학생들은 학생부종합전형에 당황해하는 모습이 역력했다. 어쨌든 전화기를 들면 소리부터 치는 경우가 허다해 급기야 전화기에 손이 가지 않았다. 벨이 울리면 가슴이 덜컥 내려앉았고, 통화가 끝나면 귀가 얼얼했다.

그뿐만 아니었다. 학교에 나가보면 열심히 하는 교사가 있는가 하면 그렇지 않은 교사도 많았다. 아무리 일이 많다고 하더라도 미루어서는 안 되는 일이 있다. 바로 학생과의 '관계 맺음'이다. 그런데 바쁘다며 '관계 맺음'을 가장 뒤로 돌리거나, 아예 내팽개치는 경우가 있었다. 끔찍했다. 아이들은 늘 현재진행형이다. '나중에, 나중에' 하다 보면 그 아이들은 모두 우리 곁을 떠난다. 그런데 떠났다고 해서 끝나는 것이 아니다. 그 아이들에게 교사의 모습은 큰 상처로 남아 있게 된다.

당장 할 수 있는 일이 무엇일까를 고민했다. 학교로 나가 교사들을 만나고, 대학에 가서 입학사정관들을 만났다. 교육에 관심이 많은 석학과 만나고 포럼에도 참여하여 배웠다. 경기도에 있는 학교만 90여 곳 이상을 다녔다. 선생님들을 만났다. 학교마다 독특한 분위기가 있었다. 교사들의 표정이 살아 있는 학교가 있는가 하면, 금방이라도 쓰러질 것 같은 학교도 있었다. 교사들이 활력이 넘치는 학교는 아이들도 생기가 넘쳤다. 이런 학교들은 공통적으로 수업에 대해 고민하고, 평가를 바꾸려고 했고, 다시 학교생활기록부에 아이들의 활동을 담아내고 있었다. 그런 학교를 찾아 살펴보고, 다른 학교에 전하는 '메신저' 역할을 했다. 여기저기 꽃을 찾아가는 벌과 나비처럼 학교 현장을 누볐다. 교장, 교감 선생님들도 만나고, 학부모들도 만났다. 당연히 교사들과의 대화 시간도 길어졌다. 학생들과도 대화하기 시작했다.

OECD 회원국 기준 '교사가 된 것을 후회한다' 응답률이 20.1%(경향신문 2015.12.20)로 교육 방침에 대한 부모들의 개입이 늘면서 최근 직업 만족도가 떨어졌다는 한국. 조사 대상국 평균인 9.5%의 2배 이상 되는 수치로, 응답률이 20%가 넘는 유일한 나라에서 교사들이 행복할까? 행복한 교사들을 만나는 것이 '하늘의 별 따기'라고 생각했다. 아니, 없을 수도 있겠다고 생각했다. 그런데 의외로 많은 학교에서 '너무 행복하다'고 말하는 교사를 만날 수 있었다. 이런 학교의 특징은 바로 소통이 원활하다는 점이었다. 특히 교사들의 동료성은 매우 중요하다. 동 교과끼리 자주 모여야 하고 이야기를 나누어야 한다. 학교가 시끌시끌해야 한다. 그런 학교 중에는 '수업나눔'이 매우 자주, 자율적으로 진행이 되는 학교가 많았다.

나누면 성장한다. 활기찬 학교, 살아있는 학교는 3가지가 도드라졌다. '의사결정의 민주성'과 '동료성' 그리고 '나눔'이다.

1. 의사결정의 민주성

활기찬 학교는 의사결정 구조가 민주적이다. 교직 사회는 그 특성상 구성원 하나하나가 독립되어 있다. 교실에 들어가면 혼자서 아이들을 만나야 한다. 그런데도 교무실에서는 수직적이다. 업무가 행정 중심으로 돌아가다 보니 교무실조차 행정 중심으로 배치되어 있다. 교사들이 수업에 집중할 수 있도록 하기 위해서는 행정 중심의 현 체제를 바꾸어야 한다. 학교가 민주적일수록 그 학교는 행정 중심 구조를 뛰어넘는다.

어느 연수에서 한 교사가 이런 말을 했다. "학교에서 교장의 역할은 95%를 차지합니다." 그렇다. 95%의 역할을 하는 교장에 의해 학교는 쉽게 변할 수 있다. 효과가 금방 드러난다. 그러나 교사들에 의해 변화가 탄탄하게 이루어진 학교는 오래 간다. 교장이 바뀌어도 학교 문화는 그대로 살아남는다. 교사 개인의 자존감을 높이고, 힘을 북돋워 준다면 교실은 저절로 살아난다.

"1등급이 어디 가고, 2등급이 어디 가고…. 우리 이런 이야기, 아이들에게 하지 맙시다."

"전시성, 홍보성 행사 모두 걷어 냅시다. 모든 것은 수업에서 시작해서 수업으로 끝낼 수 있도록 합시다. 꼭 필요한 행사는 학생들이 중심이 되어 진행하도록 도와줍시다."

"행사는 교과 중심으로 만들어갑시다."

"학생들의 자존감을 높여 줍시다. 우리 학교에 학생회 깃발을 게

양하고, 학생회가 아침맞이[7] 하도록 합시다."

　신도시 끝에 있는 신설고인 N고의 변화는 이렇게 시작했다. 새로 부임한 교장 선생님이 제안했다. 학생들의 자존감을 살리고, 교사들의 동의를 끌어냈다. 그러자 학교가 꿈틀거리기 시작했다.

2. 동료성

　동료성이 중요하다. 교사는 개인적이지만 혼자서 할 수 있는 일은 많지 않다.

　정윤리 선생님은 젊다. 서글서글한 인상으로 학생들에게 인기가 높다. 하지만 그에게도 고민이 있었다. 수업을 시작하면 10분 만에 아이들은 딴짓을 했다. 야단치기도 하고 면박을 주기도 했지만, 그럴수록 수업은 점점 더 수렁으로 빠져들어 갔다. 선생님의 고민은 '잘 가르치고 싶다'는 것 하나였다. 무엇을 가르칠 것인가? 어떻게 가르칠 것인가? 질문에 질문이 이어졌지만, 실마리는 가장 기본적인 것에서 나왔다.

　수업의 형태에 따라 평가가 달라지고, 기록도 달라진다. 정윤리 선생님은 '교육과정-수업-평가-기록의 일체화 교사동아리'의 막내이기도 하다. 이 동아리는 어떤 형식을 두고 만나지 않는다. 그저

---

[7] 경기도의 학교에서는 아침에 교장, 교감이 교문에서부터 학생들을 따뜻하게 맞이한다. 담임교사들은 교실 문 앞에서 학생들을 맞는다. 서로 다정하게 인사를 하고, 포옹을 하기도 한다. 선도부 학생들이 교문에 서서 복장검사를 하던 예전과 달리 현재는 서로의 안부를 물으며 아이들을 살피는 시간이 되고 있다. 이를 '아침맞이'라고 한다.

수업	평가	기록
• 무엇을 가르칠 것인가? - 교과 내용 - 의사소통 능력 - 과학적 태도 등 • 어떻게 가르칠 것인가? - 강의+토의 - 협동학습	• 무엇을 평가할 것인가? - 교과 내용 - 의사소통 능력 - 과학적 태도 등 • 어떻게 평가할 것인가? - 지필평가 - 관찰평가 - 면담	- 관찰은 그날 입력하기 - 자유롭게 기록하기 - 지필평가서술형 채점 시 뛰어난 대답 기록하기 - 수업을 통해 가르치고자 하는 요소들 잊지 말기

한 달에 한 번 만나 각자 수업에서 겪은 일을 털어놓는다. 이런저런 이야기를 하다 보면 어느새 혼자만 하는 고민이 아니라는 사실을 알게 되고 위로를 받는다. 그렇게 힘을 얻어 학교로 돌아가 아이들을 만난다. 나와 똑같은 생각을 하는 사람이 옆에 있다는 사실만으로도 충분히 힘을 얻는다.

3. 나눔

나누면 성장한다.

일 년에 두 번 하는 '학교생활기록부 기록 나눔 한마당'은 너무나도 뜨겁다. 그동안 경기도 전역을 다니면서 배운 경험을 오롯이 나누는 시간이었다. 자신의 경험을 바탕으로 교육과정-수업-평가-기록의 일체화를 통해 학교 문화를 바꾼 교사들의 고민을 함께 나눈다. 매번 1,000여 명의 교사들이 신청을 하고 하루종일 즐겁게 공부한다. 그 시간의 감동이 여전히 진하게 남아 있다.

교사들은 자신의 수업에서부터 평가와 기록까지 이어지는 과정을 자세하게 풀어 놓았다. 입학사정관들은 사례를 들어 학교생활기록부 기록에서 어떻게 수업이 나타나는지를 설명했다. 아침 9시에 시작한 행사는 저녁 5시가 되어서야 끝났다. 처음에는 경기도 교사들을 대상으로 열린 행사였지만, 이제는 멀리 제주를 포함하여 서울, 충남, 부산, 광주 등 여기저기에서 많은 선생님들이 오직 열정 하나만 안고 오신다.

이제 더 이상 과거의 패러다임 속에 계속 머물러 있을 수만은

| 기록나눔 한마당 행사를 알리는 포스터 |

| 한마당 행사장을 가득 채운 교사들 |

없다. 이런 패러다임의 전환은 나눔으로 확산된다. 나눔은 곧 성장이다.

평가의 패러다임은 상대적 서열 중심에서 개인적 성취 중심으로 전환되고 있다. 아이들을 한 줄로 세우는 평가 말고, 이 아이가 예전보다 지금 얼마나 더 성장했는지를 관심 있게 보살피는 모습이 학교에서 일어나고 있다.

"중학교에서 1, 2등 하던 애들만 모인 학교보다 팔색조 매력을 내뿜는 아이들이 모인 학교여서 더 행복합니다. 내 수업을 맛있게 만들다 보니 기록할 내용이 많아집니다."

땀을 뻘뻘 흘리며 강의하시는 한 선생님의 말씀에 저절로 고개가 끄덕여진다.

교육과정 속으로
들어온 강아지 두 마리

'최백호, 손담비를 아시나요?'

을씨년스럽고 버려진 공간이었던 학교 뒤뜰에 온기가 넘치기 시작했다. 쉬는 시간이면 아이들이 몰려들어 북적거렸다. 먼저 오는 아이가 빗자루를 들고 바닥을 쓸면, 다른 아이는 먹이통을 살폈다. 짜증 섞인 말을 뱉던 아이들의 입에서 너무나도 부드러운 목소리가 흘러나왔다.

"백호야. 담비야. 밥 먹었어?"

백호와 담비. 학교 뒤뜰에 당당하게 자리 잡은 강아지 이름이다. 학교 뒤뜰은 여간해서는 사람의 발길이 닿지 않는다. 사람의 발길이 닿지 않으면 죽은 공간이 된다.

하남시에 있는 S고는 3P로 유명하다. 3P란 S고가 학생들의 정서 발달을 위해 실시하는 것으로 강아지의 'Pet', 피아노의 'Piano', 필로티 개방의 'Piloti', 이 세 가지를 말한다. 바로 이 3P는 우연히 강아지 두 마리를 학교 뒤뜰에 들여놓는 것으로 시작되었다. 백호와 담비가 뒤뜰에 자리를 잡자 아이들이 몰려들기 시작했다.

동물사랑 동아리반 아이들은 먼저 나서서 백호와 담비를 돌보기 시작했다. 점심시간이면 학교 산책도 시키고, 당번을 나누어 목욕도 시켰다. 그러나 백호와 담비가 학교교육과정 속으로 들어오리라고는 어느 누구도 생각하지 못했다. 아이들이 몰려들어도 그냥 그러려니 했다. 금방 시들해지고 말 것이라고 생각했다.

'또 하나의 식장, 가족 백호와 담비를 위한 십시일반. 나눔의 바자회'

개를 돌보는 일에도 돈이 필요했다. 언제까지나 아이들이 자기 주머니를 풀 수는 없는 일이다. 동물사랑 동아리가 나서니 디자인 동아리는 포스터 제작으로 재능 기부를 했다. 방과후 수업으로 '반려견 훈련과 실습'이라는 과목을 개설했다. 급기야 동물사랑 동아리반 아이 중에는 동물 관련학과 진학에 목표를 두고 공부하는 아이들이 생겼다. 무심코 들어온 강아지 두 마리가 학교를 깨웠다.

더 큰 변화는 아이들의 표정이다. 살아있는 동물과의 교감은 아이들 가슴 속에 잠자고 있던 사랑을 깨웠다. 수업 시간에는 무기력하게 앉아 있던 아이들도 강아지를 붙들고는 이런저런 이야기를 하면서 자존감을 키웠다. 아이들의 감정은 전염력이 강하다. 우연히 들어온 강아지가 교육과정을 바꾸더니 아이들을 깨웠다.

3P라는 이름은 신장고 학생들의 자율학술발표대회에서 나온 주제다. 피아노와 필로티 공간, 반려동물과 텃밭이 있는 학교 환경으로 인해 S고 학생들의 감성지수가 높고, 입시에 대한 스트레스를 줄일 수 있었다는 내용의 프로젝트 논문에서 착안했다.

2층 복도 피아노 공간에는 학생들이 언제든지 가서 구애받지 않고 피아노 연주를 할 수 있다. 기둥만 세워져 있는 학교와 학교 건물 사이의 주차 공간을 학생들의 공간으로 만들어 탁구대와 간이무대 등을 설치해 스포츠 공간으로 꾸몄고, 동물사랑반과 힐링팜 동아리 운영으로 교내에서 강아지를 키우고, 텃밭도 가꾸고 있다. 학생들을 위한 공간이 남는 자투리 하나 없이 곳곳에 만들어져 있다.

1~2학년들을 대상으로 하는 자율학술발표대회도 S고만의 특색 있는 프로그램으로 자리 잡았다.

정규교육과정에 편성해 학급당 3~4명을 1팀으로 학술팀을 구성하고,

자율적으로 주제를 탐구해 프로젝트 활동을 한다.

또 과학탐구프로젝트 학습으로 과학 교과와 동아리, 방과 후를 연계해 과학에 대한 흥미와 적성을 키워주고 있다. (중부일보 2015.1.20.)

    학교에는 참 많은 아이가 있고, 이들이 엮어내는 하루 동안에는 다양한 일이 일어난다. 교정에는 참 많은 것들이 서로 관계를 맺고 있다. 조금만 눈을 크게 뜬다면, 어떻게 발전할지 짐작조차 할 수 없는 수많은 교육 활동을 발견할 수 있다. 교사가 교육과정 운영에서 자율성과 전문성을 갖고 있다면 교육 활동은 활기차다. 내 앞에 있는 아이들에 따라 교육 활동이 달라질 수밖에 없다. 결국 교사마다 교육과정은 달라질 수 있고, 아이마다 교육과정은 달라진다.

    학교는 '교육과정 재구조화'를 강조한다. 그러나 교육과정 재구조화는 자신의 수업에 대해 고민하지 않은 교사에게는 참으로 어려운 과제이다. 그래도 억지로 제출하라고 하면 한다. 수업에서 변화는 찾아보기 어렵다. 이유가 있다. 잠깐이라도 자신의 수업을 고민한다면 저절로 교육과정 재구조화가 이루어질 텐데 이걸 '일'로 만들어버렸다.

    수업 시간에 잠만 자는 아이들에게 '감성수업'을 하고 싶었다. 교사들은 한자리에 모여 '무엇을 가르칠 것인가'를 함께 고민했다. 마침 단원은 '시'였다. 하지만 시를 난도질하여 가르친다면 여전히 아이들은 엎드려 잠만 잘 것이라는 생각이 들었다. 그래서 교사들은 시를 이해할 수 있게 하기 위해 아이들이 활동을 할 수 있도록 수업을 구상했다. 학교 정원에서 식물 관찰을 과학 과목과 연계했고, 지역의 우리 꽃 해설사를 초빙했다. 미술 시간에는 관찰한 내용으로 그림을 그렸고 국어 시간에는 시를 쓰게 했다. 마침내 아이들은 멋진 시인이 되었고, 식물학자가 되었다.

이런 일은 또 있다.

암석의 종류를 수업한 교사는 학생들이 얼마나 이해하는가를 알고 싶었다. 수행평가와 연결할 수도 있었지만, 기존의 방식은 종이에 그림으로 그려놓고 암석의 명칭을 쓰는 것이라 효과가 의심스러웠다. 식당에서 동료 선생님과 함께 이야기를 주고받았다. 옆자리에서 식사를 마친 교장 선생님이 일어나시며 한 마디 하셨다.

"왜 고민해? 운동장에 돌을 숨겨 봐."

그 말이 힌트가 되어 아이들은 암석지도를 그리게 되었고, 곁들여 학교 운동장에 있는 식물도 배우게 되었다.

학교를 움직이는 모든 구성 요소는 서로 움직이고 영향을 주고받는다. 교사와 학생들도 당연히 살아 움직이며 서로 영향을 주고받기 때문에 다양한 일이 일어나지만, 이를 둘러싼 구성 요소들도 유기적으로 변한다. 그래서 세세한 지침으로 똑같이 표준화하는 것은 위험하면서도 무모한 일이다. 학교는 관리하는 곳이 아니라 조성(造成)하는 곳이다.

C고 최영미 선생님은 재미있는 사례를 발표했다. 교사동아리로

시작한 독서모임이 교육과정 속으로 들어가 교육과정-수업-평가-기록의 일체화를 자연스럽게 이루어낸 과정을 담담하게 풀어냈다.

아래 표에서 볼 수 있는 것처럼 교과통합 인문학 수업인 〈사기열전〉 인물 법정은 '수업설계 → 지정도서 읽기 → 진행협의 → 본시(모의재판) → 사후평가 → 지필·수행평가 → 학교생활기록부 기록'의 과정으로 진행되었다.

구분	내용	방법
지정도서 읽기	7/23-8/31 : 지정도서 읽기(수업 시간 공동독서 + 수업 시간 외 개별 독서)	
진행협의	4/3 : 인문학수업 및 수업공개 방안 협의회	교원협의
	5/8 : 지정도서 및 주요 인물 선정	
	7/16 : 인문학수업(인물법정) 진행 상황 점검 및 향후 일정 협의	
	7/23~9/16 : 검사단, 변호인단 팀별 각 6, 7회	학생협의
	7/23 : 인물법정 진행 개요 협의, 주요 인물 역할 분담, 방학 중 팀별 준비 일정 협의	학생-교원협의
	8/19 : 법정 진행 순서 및 쟁점 결정	
	8/25 : 재판 동영상 시청	
	8/27 : 검사단, 변호인단 주요 심문 내용 정리	
	9/4 : 검사단, 변호인단 시나리오 조정	
	9/14 : 1차 모의시행	
	9/16 : 2차 모의시행	
본시	9/17 : 모의재판	공개수업
평가협의	9/22 : 수업공개 교원협의회, 학생교원 공동 평가회	학생-교원협의

'인문학 산책'은 교사와 학생들이 함께하는 독서토론동아리에서는 '지정도서 읽기 → 세미나 발표자료 제출 → 인문학 강좌 청취/문학관 및 작품 배경지 탐방/작가와의 대화/문화예술체험 → 세미나 → 활동보고서 제출 → 자료집 제작·배부 → 학교생활기록부 기록'으로 교육과정-수업-평가-기록의 일체화 과정을 이루어냈다.

> 사실 소설이나 시 같은 것을 읽고 혼자 해석하고 의미를 파악한다는 것은 어려운 일이다. 독서토론이 좋은 점은 하나의 주제가 던져지면 하나의 관점에서가 아니라 여러 사람의 관점에서 의논하여 문제를 해결할 수 있다는 것이다. 그리고 세미나를 할 때마다 느끼는 점이지만 정말 나는 독서량을 늘릴 필요성을 절절히 느끼고 있다. 독서토론 활동은 내 삶의 터닝포인트이며, 나의 정체성과 꿈을 찾게 해준 것이다. - 3학년 서*민 (최영미 선생의 발표 자료에서 재인용)

> 독서토론 동아리에 들기 전 나는 인문학은 고사하고 책엔 손도 안 대던 아이였다. 그러나 지금은 알아서 책을 찾아 읽고, 한 권을 다 읽으면 스스로 도서실에서 책을 빌려 읽을 정도로 독서가 습관화되어 있다. 그리고 독서토론을 하면서 '인문학'이라는 카테고리를 내 뇌 안에 저장하자 세상을 보는 눈이 조금 더 정확해지고 시야가 넓어졌으며, 객관적인 시선과 나의 주관적인 생각을 함께 검토할 수 있게 된 것 같다. - 2학년 이*정 (최영미 선생의 발표 자료에서 재인용)

작은 움직임이지만 결국 아이들의 '생각'을 크게 바꾸어놓은 독서토론. 우리는 흔히 결과만 보고 판단하는 경우가 많다. 그리고 다른 사람이 하는 일에는 이렇다, 저렇다 말하기 쉽다. 하지만 정작 내가 움직이는 경우는 참 드물다.

교사는 참 대단한 존재이다. 그래서 한편으로는 두렵기도 하다. 교사의 작은 행동은 수많은 아이의 삶을 바꾸고 그 삶으로 우리의 미래가 어떻게 바뀌게 될지 아무도 모르기 때문이다. 성경에 있는 "나를 믿는 이 작은 사람 가운데서 하나라도 걸려 넘어지게 하는 사람은, 누구라도, 차라리 그 목에 큰 맷돌을 달고 깊은 바다에 빠지는 편이 낫다(마 18:6)"(표준새번역 개정판)라는 말씀을 두고두고 새기는 까닭이기도 하다.

평가의 패러다임이 바뀌고 있다

아직도 어린애티가 나는 권 모양이 수심에 가득 찬 목소리로 내 앞에 앉았다. 이제 고1이지만, 대학을 향한 경주는 이미 시작되었다며 고개를 떨어뜨린다. 이런 친구들을 보면 언제나 똑같은 장면이 떠오른다.

딸아이가 고1이었을 때였다. 중간고사 공부에 지친 딸아이는 수

건을 목에 두르고 욕실에 들어갔다.

"너무 졸려. 세수 좀 할게."

시험 날짜가 다가올수록 아이는 급격히 말수가 줄어들었다. 잠자는 시간도 아깝다고 했다. 그런데 아무리 기다려도 물소리가 나지 않았다. 세수하러 욕실에 들어간 녀석이 너무 조용하다. 걱정스러운 마음에 욕실 문을 노크했다. 아무 소리도 나지 않는다.

욕실 문을 열어 본 우리 부부는 아무 말도 하지 못했다. 딸아이는 목에 둘렀던 수건을 바닥에 펴고 그 위에 쪼그리고 곤하게 잠들어 있었다. 조용히 녀석을 안아 침대에 뉘었다.

당시 성적 산출방식은 9등급제였다. 시험이 어렵든 쉽든 상관이 없었다. 모든 아이를 한 줄로 세워 1등에서 몇 등까지는 1등급 그리고 그 밑에는 2등급 하는 식이었으니 짝도 경쟁자였다. 오죽하면 학급에 몇 명은 가지런하게 정리된 공책을 도둑맞기도 했다. 훔쳐 가는 것이었다. 애써 필기한 교과서나 공책을 잃어버린 아이는 자지러졌고, 친구의 불행을 은근히 즐기는 아이들도 있었다.

현재, 일반고의 학교성적(내신) 기재방식은 성취평가제와 등급제를 병행한다. 안 그래도 대학입시는 복잡하다고 하는데 내신 산출방법마저 다르다니 학부모들은 곤혹스럽다.

권 모양이 고등학교에 입학하자마자 학교에서는 대학입시설명회를 열었다. 강사들은 학교생활기록부가 매우 중요하다고 했다. 교과 성적은 가장 기본이라고 했다. 그럼에도 지금 내 앞에 앉아 있는 권양은 내신관리를 어찌해야 할지 모르겠다고 했다. 권양의 고민은 일반고 1, 2학년 학생 대부분이 겪고 있는 것이다. 성취평가제니, 등급제니 하는 교과 성적 표기 방법은 잘 모른다. 대입 내신반영 방법에만 온 신경이 곤두서 있다. 학부모들은 아직도 9등급제에 익숙하다. 시험이 끝나면 으레 반에서 몇 등 했냐고 물어본다. 아이들을 한 줄로 세우고 내 아이가 어디쯤 위치하고 있는지 알아야 속이 시원하다.

9등급제는 학생 간 상대적 서열을 비교하여 비율에 따라 석차 등급을 낸다. 한 학생이 시험을 어떻게 보았느냐는 그다지 큰 의미가 없다. 다른 학생들의 성적이 어떠냐가 더 중요하다. 다른 아이들의 성적에 따라 내 아이의 위치가 결정된다. 그러나 성취평가제는 그렇지 않다. 학생이 도달해야 할 성취목표를 중심으로 학업 성취수준을 평가한다. 다른 학생의 도달 정도와는 상관이 없다. 내 아이가 이 과목을 공부하는 동안 도달한 정도에 따라 성취수준을 A-B-C-D-E, A-B-C, P 등으로 구분하여, 학교생활기록부의 '성취도'란에 입력이 된다. 학생을 '선발'하기 위한 체제에서 학생의 '성장'에 주목하는 평가로 패러다임이 바뀌고 있는 것이다.

한국교육과정평가원에서 발간한 성취평가제 안내 자료에는 "성취평가제는 상대적 서열에 따라 '누가 더 잘했는지'를 평가하는 것이 아니라 '학생이 무엇을 어느 정도 성취하였는지'를 평가하는 제도"라고 말한다. 상대적 서열이란 시험을 치른 모든 아이를 한 줄로 세워 위치를 알려주는 것이다. 이러한 서열이 중요한 이유는 바로 변별을 나타내기 위해서이다. 대입이나 고입에서 학생을 선발하기 위해 변별이 필요했다. 변별을 위한 시험은 당연히 난이도가 중요하고, 석차와 등급이 필요하다.

지금까지 우리는 이를 위한 평가만 생각했다. 학부모들은 아이가 시험을 치르고 나면 으레 몇 등을 했는지 물었고, 교사들도 아이의 이름보다 먼저 등수로 대하는 경우가 많았다. 심지어는 일 등 하는 아이가 지각하면 '아무개야. 많이 피곤했구나'라고 하지만, 공부를 못 하는 아이가 똑같은 행동을 하면 용서를 쉽게 하지 못했다.

그러나 성취평가제는 '공부를 잘한다, 못 한다'로 아이를 구분할 필요가 없다. 조금 빨리 도달하는 아이는 그 아이대로, 그렇지 않은 아이는 그렇게 맞춤형으로 학습할 수 있도록 돕는다. 성취평가제에서는 학생이 무엇을 학습할 것인가(성취기준)와 학생이 얼마나 잘 성취했는가(성취수준)가 가장 중요한 요소이다. 평가결과는 학생의 성취 정도에 대한 정보를 제공하는 것으로 학생은 자신이 도달하지 못한 부분을 개선하면 된다. 지금까지의 평가에 대한 패러다임이 완전히 바뀌는 것이다. 이러한 평가를 하기 위해서는 사전에 성취기준을 제시해야 한다. 그리고 학생이 수업의 전 과정에 걸쳐 어떻게 성장하는지를 살펴 사전에 제시한 성취기준에 도달하는 정도를 파악해야 한다. 당연히 평가 방법도 달라진다. 학생이 보여야 할 행동 특성을 중심으로 재진술한 것이 성취기준이므로 평가는 학생의 행동 변화를 보아야 한다.

고등학교에서는 대입 전형과 분리하여 내신을 생각할 수 없다. 성취평가제에 의한 내신이 대입 전형자료로 변별력이 약하고, 고등학교 내신의 신뢰성을 저하시킬 것이라는 걱정이 있다. 교육부는 학부모들의 우려와 대학의 고충을 이해하여 당분간은 등급제와 성취평가제를 병행하여 학교생활기록부에 기재한다고 발표했다.

"그러니 어떻게 해요?"

한참 동안 성취평가제와 등급제에 대해 설명하고 나니 다시 묻는다. 학교 내신을 이렇게 내든, 저렇게 내든 가장 중요한 출발점은 개인 성적이다. 당장 눈앞에 닥친 시험에서 어떤 점수를 얻느냐가 중요한 출발점이 된다. 학부모를 대상으로 하는 설명회 때 종종 쓰는 '토끼와 거북이' 이야기를 들려주었다.

"토끼와 거북이 이야기. 알지?"

"네. 알아요."

"그런데 왜 토끼는 거북이에게 졌을까?"

"……."

'토끼와 거북이' 이야기를 몰라서가 아니라 아마도 너무나도 당연한 것을 물어서 어리둥절했을 터이다. 나는 웃으며 말했다.

"토끼는 경쟁자를 보고 갔지만, 거북이는 목표를 보고 간 거야."

그동안 우리는 모든 아이를 토끼로 만들어 뛰게 했다. 동료를 그저 경쟁자로만 보고 그만 꺾으면 된다고 생각하게 만들었다. 언뜻 토끼가 빠른 것처럼 보였다. 이렇게 자란 아이들로 말미암아 세상은 점점 더 삭막해 갔다. 수단과 방법을 가리지 않고 다른 사람을 꺾으면 된다는 생각이 팽배해졌다. 성취평가제는 우리 아이들이 자기 삶의 목표를 보며 뚜벅뚜벅 걷도록 돕기 위해서 도입되었다. 당장의 결과에 일희일비하지 말고 자기 목표를 향해 뚜벅뚜벅 가는 사람이 마침내 행복한 삶을 살아갈 것이라는 소박한 진리가 이 땅에 가득하기를 바라는 것이다.

성취평가제가 분명 지금까지의 평가에 대한 패러다임을 바꿀 수 있는 것은 분명하다. 그런데도 9등급제를 병행하는 까닭은 오직 '선발' 때문이다. 중학교 영어를 9등급제로 제시하여 특목고에 들어가는 내신으로 반영하거나, 고등학교에서 등급제를 병행하여 대입 내신으로 활용하게 한다.

패러다임 전환을 얘기할 때 '콜럼버스의 달걀'을 많이 언급한다. 어느 누구도 달걀을 세우지 못할 때 콜럼버스는 밑을 깨서 세웠다. 경직된 사고를 깨는 일이다. 누구는 그렇게 못 하냐고? 그렇다. 창의적인 사고는 누구나 다 할 수 있지만, 아무나 하지는 못한다. 2015 개정 교육과정에서는 아이들이 '창의융합형 인재'가 되기를 바란다. '창의융합형 인재'란 바로 틀을 깨는 사람들이다.

4장

교육과정-수업-평가-기록의 일체화, 어떻게 할 것인가 Ⅱ

'교육과정-수업-평가-기록의 일체화로 학교문화 바꾸기'를 학교에 안착시키는 방법은 '어떻게'에 집중해야 한다. 구체적인 전략으로 접근해야 변화를 끌어낼 수 있는 법이다. 꼬리가 몸통을 흔들 수도 있다. 검은 고양이든 흰 고양이든 쥐만 잡으면 되는 것 아닌가. 경쟁 중심의 학교 문화를 성장과 소통 중심의 학교 문화로 바꾸어야 한다. 그래야 아이들은 '참된 학력'을 갖고 미래 사회를 살아갈 수 있을 것이다.

물음을 던진다.

1. 교사를 어떻게 감동받게 할까?

2. 교장, 교감을 어떻게 설득할까?

3. 학부모들은 어떻게 이해시킬까?

4. 사회 변화는 어떻게 끌어낼까?

하나, 학교로 들어가자

　정책부서이니 정책을 세우란다. 학교는 자발적으로 움직이도록 내버려 두란다. 맞는 말이다. 동의한다. 하지만 정책도 만나고 나누어야 세울 수 있는 것이다. 매일 사무실에 앉아서 정책만 세우면 뭐하나. 학교 현장에 아무런 의미가 없는 정책이라면 종이쪽지에 불과하다. 그리고 정책만 세운다고 되는 것인가? 변화는 공감이 없으면 일어나지 않는다.

　'왜'에 대한 물음에서 시작했지만, 공감을 얻지 못하면 변화는 없다. 공감을 얻을 수 있도록 당연히 파트너를 존중하며 함께 걸어야 한다. 그 파트너가 누구인가? 교사, 학부모, 학생들이 아닌가. 그렇다면 당연히 그 속으로 들어가야 한다. 그래 누가 뭐라고 해도 학교로 들어가자.

　학교에는 리더가 있다. 리더란 영향을 미쳐 변화를 끌어내는 사람을 말한다. 리더는 직위가 아니다. 이들을 통해 패러다임이 변하고 있음을 말하고, 민주적 리더십으로 학교의 자발성과 다양성을 끌어내야 한다.

　교사들을 편의상 A, B, C그룹으로 나누어 본다. 정보에 쉽게 접할 수 있으며 동료성이 활발한 교사를 A그룹, 그보다는 활동성이 덜하지만 꾸준히 관심을 보이는 교사는 B그룹, 신설학교나 정보 소외 지역의 교사는 C그룹으로 구분한다. 어디까지나 활동성을 위주로 한 것이니 오해는 하지 말자. 자, 그럼 이제 그룹에 따라 접근 방법을 찾아보자.

A그룹이 속한 학교는 굳이 세밀하게 들어갈 필요가 없다. 이들에게는 대규모 수업나눔 정도로만 제공하자. 다양한 사례를 접할 기회 정도만 제공해도 나머지는 다 알아서 하실 분들이다. 진즉에 준비는 다 되어있으며, 학교에 따라 앞선 정도는 천차만별이다.

B그룹은 학교 간 교사동아리를 엮어내자. 학교 안 교사동아리로 어느 정도 내실은 다졌으니 이제는 교류가 필요하다. 교육지원청의 도움이 필요할 것이다. 일단은 현재 함께 움직이고 있는 교육과정-수업-평가-기록의 일체 교사동아리의 확대 개편이다. 고등학교와 중학교 두 동아리를 조직하고 이들의 역량을 학교 간 교사동아리에 접목할 수 있도록 하자. 교사 성장을 위한 직무연수도 필요하다. 이는 대학의 도움을 받아 방학 기간에 하면 된다. 또한 동아리 선생님들이 경험을 풀어놓을 수 있는 지면을 확보해야 한다. 생생한 이야기를 들을 수 있다면 많은 도움이 될 것이다.

C그룹은 신설학교나 정보 소외 지역에 속해 있다. 당연히 학교로 들어가야 한다. 학교별로 컨설팅단 구성이 필요하다. 입학사정관, 수업 리더 등 그 학교에 가장 필요한 내용으로 서로 이야기를 나누

고 함께 앉아 고민하다 보면 길은 열린다. 무엇보다도 교사들이 실제로 치열하게 고민한 과정을 듣다 보면 용기가 생긴다. 한발 내디딜 수 있다. 앞서 나가는 이들이 자주 만나고 지속적인 도움을 제공해주어야 한다.

그다음은 학부모다. 학부모들은 불안한 편이다. 정보를 정확하게 알기도 어려울 뿐더러 누가 가르쳐 주지도 않는다. 불안한 정보는 불안감을 확대 재생산한다. 늘 불안하다. OECD 주요국 어린이·청소년 '주관적 행복지수' 순위를 보면 우리나라는 최하위에 속한다. '아동 청소년의 실제 삶의 만족도에 성적이나 경제 수준보다는 부모와의 관계가 더 큰 영향을 미쳤다'고 한다. 놀라운 사실은 아버지와 대화를 나누는 시간이 일주일에 1시간이 채 되지 않는다는 것이다. 대화를 거의 하지 않는 학부모들은 주로 자녀의 상급학교 진학에 관심이 매우 크다. 대화를 하지 않는 학부모가 왜곡된 정보를 바탕으로 학생들에게 공부에 대한 스트레스를 주게 된다.

학부모들에게 정보를 제공해야 하는 이들은 교사들이다. 교과 교사나 담임교사들이 직접 학부모에게 자신이 운영할 교과나 학급의 운영 계획을 말해주어야 한다. 학급담임들은 편지를 활용하거나 학부모 총회 등을 통해 소통하지만, 교과 교사들은 이럴 기회가 없다. 학부모들도 무척이나 궁금하다. 내 아이를 맡을 선생님들이 어떤 계획으로 1년 동안 운영해갈지, 그것은 전체 교육과정에 어떤 부분인지 궁금하지만 아무도 가르쳐 주지 않는다.

둘, 연대의 힘이다

절대로 혼자서는 안 된다. 연대해야 한다. 가장 먼저 도와달라고 손을 내밀어야 하는 분들이 대학이다. 입학사정관과 입학처. 입학사정관들은 학생부종합전형의 개선과 정착을 위한 정책 연구, 교육과정-수업-평가-기록의 일체화 정착을 위한 연대 등으로 긴밀하게 접근해야 한다. 동시에 중등 교육의 변화에 참여할 수 있도록 길을 열어주어야 한다. 교육과정클러스터, 학생 체험활동 등에 함께할 수 있는 부분이 많다.

언론그룹은 매우 중요하다. 여론을 끌어가는 그룹이기 때문에 정확한 정보를 제공해야 하고, 같은 목표를 향해 갈 수 있어야 한다. 기사와 칼럼을 통해 교육의 변화가 어디로 가야 하는지 알려야 한다. 적극적으로 결합해야 한다.

교육청의 연대도 반드시 필요하다. 수도권에도 서울교육청과 인천교육청이 있지만, 연대는 아직 멀다. 교육의 본질을 생각한다면 함께하지 못할 이유가 없다. 일단은 정책담당자들을 설득하여 함께하는 것이 중요하다.

셋, 성찰과 도약

교사 스스로 성찰하고 도약할 수 있는 평가지표가 필요하다. 교육과정-수업-평가-기록의 일체화 정도를 스스로 확인할 수 있는 지표가 필요하다. 이 지표는 피드백이 될 수 있는 신뢰성을 바탕으로 하는 자료이어야 한다.

마지막으로 이 모든 것을 도와줄 전문가그룹이 필요하다. 그들은 곁길로 빠질 때 중심을 잡아줄 사람들이다.

먼저 내부역량을 키우자

"좋은 학교란 어떤 학교인가요?"

우리는 흔히 진학 실적이 뛰어난 학교를 '좋은 학교'라고 한다. 일반고는 대학에, 특성화고는 직장에, 중학교는 특목고나 영재고에 보낸 학생 수를 가지고 자랑을 한다. 다시 한 번 생각해보자. 무엇이 좋은 걸까? 상위 몇 % 아이들을 위해 모든 프로그램이 집중되는 학교가 과연 좋은 걸까?

수업이 끝나자 P고의 교사들이 토론실로 모였다. 교육, 학교, 교사, 학생 이야기를 서로 나누어 보기 위해서이다. 이런 시간에는 말 잘하는 사람들이 주도하기 마련이다. 그래서 모든 교사가 '1분 말하기'를 했다. 어색한 시간이 지나자, 곧 지금 교실에서 벌어지는 일들이 나오기 시작했다. 처음이 어려울 뿐, 서로 고개를 끄덕이는 이야기가 앞다투어 나왔다.

가장 공감하는 이야기는 '여전히 잠자고 있는 학생들의 모습'이었다. 잠을 깨우려는 교사들의 갖가지 시도에도 아이들은 여전히 잠에서 깨어나지 못했다. 해결책은 누구나 아는 것이었다. 교육과정 재구성 및 통합, 수업 개선, 평가 개선, 피드백을 통한 개인 발달…. 지금까지 숱하게 들어온 말이다. 크게 다가오지는 않았다.

"올해 우리가 함께 지지하고 격려하면서 소박하지만, 진지하게 모색해야 할 핵심은 무엇일까요?"

그제야 교사들은 방법을 찾을 수 있겠다는 생각이 들었다. 이후 모든 프로그램은 교사들 스스로 만들어가기로 했다.

아래 표는 P고의 연수 프로그램이다. 외부 유명 강사들이 하는 연수도 많은 도움이 된다. 그러나 교사들은 스스로 움직이며 고민하는 동안 더 크게 성장한다.

연수유형	주제	강사 또는 진행자
탐구	학습공동체 나눔 '나의 교육 이야기'	교육혁신부장
연구	교육과정, 수업, 평가, 기록의 일체화 방안	경기도교육청
연구	독서, 토론수업, 독서공동체 지도안 개발	인문 : 교육과정부장 자연 : 교육정보부장
실천	배움중심수업 적용, 평가	인문 : 교육과정부장 자연 : 교육정보부장
연구	독서, 토론교육과 진로진학전략(진학 프로그램)	3학년 부장
실천	수업, 독서공동체, ○○TED 나눔과 성찰	1,2학년 부장
공유	연구 성과 나눔	교육혁신부장

B고도 비슷한 고민을 했다. 입시 명문으로 이름난 학교이기에 그다지 절박하지는 않았지만, 그래도 수업 리더는 변화가 있어야 한다는 위기감을 느끼고 있었다. 혼자서 동료 교사들을 규합하고 수업 모임을 했다. 하지만 교사들의 벽이 너무 컸다. 학교생활기록부 기록은 신경 쓰지 않아도 되었다. 매일 문제풀이 수업을 해도 아이들은 수능에서 높은 점수를 받았다. 당연히 수능시험을 위주로 하는 정시모집에 전형하면 되기에 교사들은 문제풀이에 집중했다. 정시 전형은 1점이라도 높은 아이들이 유리하다. 성취기준에 도달하는 것은 관심 밖이다. 학교는 매년 시험이 끝나면 유명하다는 대학에 입학한 아이들의 이름을 내걸면 됐다. 심지어는 졸업생들의 명단도 함께 올려 숫자를 늘렸다. 그러니 통계를 내면 졸업한 아이들보다 합격한 아이들 숫자가 더 많았다.

수업에 대한 고민이 없어도 되는데 굳이 나설 교사는 없다. 문제풀이 요령을 더 많이 아는 교사들이 큰소리를 치고, 교재는 오직 문제집만 있으면 된다. 예전에 제자 중 한 녀석은 한 과목의 문제집만 17권을 풀었다고 한다. 그랬더니 문리가 트이더라고. 그렇다. 문제풀이 수업에는 교사도 필요 없다. 학생 혼자 반복에 반복을 거듭하면 된다. 모르는 문제는 방송만 틀면 유명한 강사들이 나와서 요령을 알려준다. 이렇게 되면 교사는 존재의미가 없어진다. 그런데도 교사들은 끊임없이 문제풀이 수업을 한다. 문제풀이 수업의 전통은 참 오래됐다. 일본 대학의 수학 문제를 그대로 베껴 수업을 하고, 그래서 명문대에 합격시킨 것을 자랑삼던 시절이 우리 핏줄 속에 오래 남아 반복됐다.

그러니 수업에 대해 고민하는 교사들은 이방인이 된다. 이런 경우에는 먼저 수업에 대해 고민하는 교사들, 즉 내부 호응자가 있어야 한다. 그렇지 않으면 아무리 외부 강사를 불러 강의해도 결국은 입시 위주로 바뀌기 때문이다.

활동적인 수업 리더들이 있다면 변화 속도는 무섭도록 빠르다. 그러나 꾸준히 노력하는 교사들이 변화를 만든다.

수업 리더와 교사들이 함께 꾸준히 변화를 모색하고 있는 학교의 한 교사가 보낸 편지를 보면 꾸준함이 얼마나 큰 힘이 되는가를 잘 보여 준다.

'모든 교실에서 학생활동중심수업을 하도록 권장했습니다. 물론 형식과 내용에 전혀 제한이나 통제 없이 전적으로 교사 재량으로. 온 학교가 시끌벅적 박수와 웃음소리 가득했습니다. 교장 선생님께서 교사들의 변화와 가능성을 보시고 좋아하셨고, 교사들도 학생들과 소통하며 아이들의 이야기를 듣고 좋아했습니다.'

변화는 지속적일 때 가능하다. 학생의 성장이 일어날 때까지 계속되어야 한다.

내부역량이 중요한 까닭은 무엇인가?

외부 강사야 강의를 마치고 떠나면 그만이다. 외부 강사들은 이미 그 분야에서 이름이 높은 경우가 많다. 충분히 설계하고 실천을 통해 자신만의 이론적 근거를 만들어내었다. 탄탄한 내공으로 자신이 디자인한 내용으로 수업을 하고 학생들의 참여를 이끌어낸다. 부럽다. 나는 언제나 저렇게 할 수 있을까. 마냥 부러워하다 보면 기가 죽는다. 에이, 저 양반이야 이미 고수이고, 우리 학교 아이들 봐라. 어디 할 수 있는 여건인가. 관리자는? 동료 교사는? 사방을 둘러보아도 내가 헤쳐갈 수 없다. 그렇게 자탄하다 보면 무수한 참고 자료와 사례만 남아 있다.

외부 강연이 새로운 정보를 제공하는 경우도 많지만, 이렇게 기를 죽이는 경우도 상당하다. 그래서 우리가 많이 해야 하는 것이 바로 '사례나눔'이다. 그냥 같은 학교 교사끼리 가볍게 서로 만나 수업 이야기를 하는 것이다. 투덜대기도 하고, 까르르 거리기도 한다. 그러다 보면 옆 사람의 이야기가 곧 내 이야기가 된다.

A: 고민을 시작하게 한 공통점이 있어요. 바로 아이들에게 내 수업이 먹히지 않았다는 것이었어요. 시대가 바뀌고 아이들이 바뀌고 일반고가 바뀐 거죠. 거기가 문제의 시작이었던 것 같아요.

B: 저는 정답은 여러 개라고 생각해요. 어떤 방향으로 가든 중요한 건 우리가 가는 길이 맞는가 끊임없이 고민하며 찾아가는 과정이라고 생각합니다. 그런데 그게 고통스러워요.

C: 스스로 고민하는 것이 반이고 동료와 함께하면 나머지가 채워질 텐데…. 여전히 주변엔 냉랭한 교사가 많죠. 자기 수업을 고민하지 않는 교사. 아이들을 향한 열정이 없는 교사. 존경받지 못하는 교사가 될까 봐 우리 모두 오르막길을 힘겹게 오르는 중인 것 같아요.

D: 나에게 수업이란 무엇이었던가. 끝없이 실험을 하고, 아이들하고 함께하기도 하고, 심지어는 교과서 없이 공부하기도 하고, 아이들과 교정을 뛰면서 바람을 느끼기도 하고… 하고… 하고… 하고, 그런데 하지 못했던 것이 있었어요. 바로 동료들과 함께하는 거였죠. 그런데 우리 선생님들은 동료들과 함께하려는 뜨거운 열정이 있고 넓은 마음이 있더라고요. 많이 부러웠어요.

E: 알고 보면 각자 노력하고 있는 교사가 많은 것 같아요. 각자의 고유한 떨림이 진동수가 같은 떨림을 만나 큰 에너지를 만들듯 우리의 모임도 진동수가 맞는 사람들의 '공명' 같아요.^^

F: 저는 수업에 대한 가치관이 너무 다른 동 교과 선생님과의 협의 때문에 올해 내내 마음이 많이, 아주 많이 힘들어요. 이런 것들을 극복하고 개선한 이야기도 좀 풀어주세요.

그저 아무렇게나 시작한 이야기가 수업 담론이 되었다. 주제를 정하지도 않았고, 그냥 자신의 이야기를 먼저 시작한 어느 용감한 교사 덕분에 이런 이야기는 곧 새로운 이야기로 이어진다.

내부역량을 키우기 위해서는 자주 모여야 한다. 교사들은 모임을 너무 진지하게 생각한다. 형식도 필요 없이 그저 교무실에서 의자만 돌리고 서로 마주 앉으면 된다. 문제는 마음이다.

증상에 따라 처방도 다르다

내부역량이 어느 정도 컸다는 걸 누가 측정할 수 있을까? 없다. 내부역량이란 새로운 길로 도약하기 위한 디딤돌이다. 허균은 '호민론'에서 사회개혁의 주체가 바로 백성이라는 점을 말한다. 그는 '변화에 저항하지 않고 체제에 안주하는 일반 백성'을 항민(恒民)이라고 하고, '불평과 불만을 가지고 있지만, 한숨 쉬고 욕하며 실제로는 아무런 구심점도 되지 못하는 드러난 존재'를 원민(怨民)이라고 말한다. 그리고 '사회, 권력 구조의 부조리와 잘못된 점을 충분히 알고 있으면서도 시시때때로 불평과 불만을 늘어놓는 것이 아니라 뒤에서 조용히 세상을 지켜보며 그 국가나 정권, 사회나 경제구조가 더 이상 돌이킬 수 없을 정도로 부패하고 망가졌다고 생각되면 분연히 일어나 세상을 개혁하는 용기 있는 백성'을 호민(豪民)이라고 말하고 있다.

교사들도 세 부류로 나눌 수 있다.

안주하는 교사
불평, 불만을 말하지만 결국은 아무것도 하지 않는 교사
세상을 바꾸기 위해 노력하는 교사

내부역량을 키워나가는 이들은 호민과 같은 부류이다. 즉, 세상을 바꾸기 위해 노력하는 교사들이다.

교육과정-수업-평가-기록의 일체화를 들고 접근할 때도 구체적인 방법을 모색해야 한다. 똑같은 방법으로 모든 학교에 똑같이 하라고 할 수는 없다. 학교와 지역에 따라 구성원(학생과 교사)이 다르고, 환경도 다르다. 교육과정-수업-평가-기록의 일체화에 대한 이해도도 다르며, 준비도도 다르며, 학교와 지역에서 요구하는 내용이 다르며, 동시에 진행하는 사람들도 다르다.

그럼에도 변화를 꿈꾸는 이유는 학생들이 주도적으로 참여하는 수업(학생참여형 수업)을 만들고, 수업 시간 중에 평가를 하는 과정중심평가(수업밀착형 평가)를 하고, 학생의 활동을 관찰하여 성장을 기록하는 학교생활기록부 기록을 연계하고 싶기 때문이다.

학교에는 3가지 유형이 있다. 이 유형에 따라 교육과정-수업-평가-기록의 일체화를 열어가는 방법이 다르다.

A 유형

활발한 수업 리더와 이를 적극적으로 지지하는 관리자가 있는 학교이다.

비평준화 지역에서 최고의 입시 결과를 내며 지역의 명문으로 각광을 받고 있는 A고 학생들은 사교육의 영향권과 극성스런 학부모들의 철저한 관리 아래 있었다. 다양한 경험을 쌓지 못하고 교과서와 참고서, 학교와 학원에 의지하고 있었다. 학부모들은 적극적으로 입시 정보를 공유했고, 생활환경이 매우 높으며 자부심도 강했다. 반면에 입시 중심의 분위기가 매우 견고하다 보니 수업을 고민하고 바꾸려는 교사들이 오히려 주눅이 들었다.

그런데 이 견고한 틀을 깨는 움직임이 나타나기 시작했다. 수업 리더가 생겨 학교 안에서 목소리를 내고 변화를 만들자고 동료들을 다독였다. 이제는 10개의 공동체가 생기고 70명의 교사가 활동하고 있다. 변화는 장시간의 교사 협의에서 시작되었다. 창의적체험활동 프로그램 틀을 바꾸었다. 그 전에는 수업시수를 딱 1/N로 나누었지만, 이제는 진로, 독서, 민주 등을 빼고 학급자치와 학급특색 활동을 살렸다. 자율동아리 활동이 활성화되어 140여 개의 동아리가 등록되었다.

그럼에도 아쉬운 점은 있었다. 교사들이 지나치게 수동적이었다. 학생참여형 수업에 대한 자신감이 부족했고, 자율적인 분위기가 부족했다.

이 학교는 어떻게 문제를 해결했을까?

우선, 교사들이 일체화의 필요성을 인식할 수 있도록 외부 강연을 열었다. 그리고 내부에서 수업 변화를 시도하는 교사들과 외부 교사동아리를 연결했다. 교사들은 같은 고민을 하는 동료가 많다는 사실에 힘을 냈다. 그다음 내부의 동력을 계속 살릴 수 있도록 지속적으로 지원할 수 있는 전문가그룹을 연결했다. 전문가그룹은 모니터링 활동과 피드백을 반복했다.

B 유형

교사들의 자발적 움직임은 있으나 지역 여건이 어려운 경우의 학교 유형이다.

B고는 농어촌 지역의 소규모 학교이다. 학생들은 전적으로 학교 수업에 의지해야 했다. 학부모들은 바쁜 농촌 일상 때문에 아이들과 거의 대화를 하지 못해 학교에 전적으로 의지했으나, 대부분의 교사들은 입시 변화에 더디었으며 수업 변화에 대한 관심도 약한 편이었다.

다행히 몇 분의 교사가 움직이기 시작했다. 자기성찰을 위한 학습공동체 시간에는 생각의 고착화를 넘어 화석화가 되고 있는 자신을 들여다보았다. 수업에 흥미를 잃고 잠자고 있는 학생들의 모습에 안타까워한다는 공통 분모를 찾았다.

교사들은 변화를 꿈꾸었다. 학년별 협력 활동과 교과별 협의로 공동 실천을 하기로 했고 사안은 전체가 공유했다. 적극적인 교사들이 중심이 되어 토론하고 움직이기 시작했다. 그럼에도 아쉬운 점은 나머지 교사들과 관리자들이 그저 관망하는 것이었다.

이 학교는 관망적인 교사와 관리자의 변화를 끌어내기 위해 지역별 맞춤장학의 형태로 접근했다. 물론 교사들의 역량을 키우기 위한 활동도 병행이 되었다. 교육과정-수업-평가-기록의 일체화에 대한 개념을 정립한 후 교사들의 공동 연구가 시작되었고, 자체 나눔과 성찰이 지속적으로 이어질 수 있도록 내부 리더와 외부 전문가 그룹을 연결했다.

지역별 맞춤장학 사례

1. A 유형 : 교장, 교사 연수 시간을 별도 운영하고 참가 희망을 받음

　가) 맞춤장학 시도한 이유

　　　- 상위권 학생들이 타 지역으로 대거 이탈함

　　　- 학교 교육 활동에 대한 학부모들의 신뢰도가 매우 낮음

　　　- 과거의 패러다임이 매우 강하게 남아 있음

　　　- 학부모들의 강력한 요구

　나) 프로그램 구성 및 진행 과정

　　　① 지역 대학과 연계

- 지역 대학과 학교 간 연계가 매우 낮아 서로에게 도움이 되지 못하고 있는 상황에서 물꼬를 트기 위함
- 예산과 인력풀에서도 서로 도움을 받음

② 프로그램 구성
- 교장단을 위한 프로그램과 교사들을 위한 프로그램을 별도로 운영함
- 교장단은 학업 역량에 따른 고교의 위치와 최근 입시의 흐름 제공
- 교사들은 최근 입시에 따라 수업이 바뀌어야 하는 이유와 실제 수업 변화를 꾀한 교사의 사례를 제공함

다) 진행하고 나서
- 학교장의 경우 희망을 받으면 참여도가 현저하게 떨어짐
- 대학과 연계할 때는 프로그램 기획 의도에 따라 적절하게 결합해야 함
- 교사들의 경우는 경험 위주의 사례 중심 내용이 유용함

2. B 유형 : 교장(중·고)을 대상으로 하며 교육지원청과 연계

가) 맞춤장학 시도한 이유
- 입시 위주의 경쟁 교육이 심한 지역
- 학교 교육 활동을 핑계로 어느 정도 학생중심교육에 대한 반감을 갖고 있음

- 입시 결과에 민감하므로 입시와 관련된 내용이면 시도할 가능성이 큼
- 중학교의 이해도를 높인다면 고교 쏠림 현상을 완화할 수 있음

나) 프로그램 구성 및 진행 과정

① 교육지원청과 연계
- 지원청에서 공문을 시행하여 참여도를 높임(중고 99%가 참여)
- 해당 지역에 대한 이해를 높이며 소통과 공감에 대한 폭을 높일 의도였음

② 프로그램 구성
- 학업 역량에 따른 고교의 위치와 최근 입시의 흐름 제공
- 학생부종합전형을 선도적으로 실시하는 대학에서 강사를 초청

다) 진행하고 나서
- 실제 움직임을 주도하는 이는 교사들인데 이들을 대상으로 하는 프로그램을 하 지 못해 아쉬움

C 유형

관리자 주도형의 학교이다.

C 고는 경기도 비평준화 지역에 있는 학교로 전반적으로 학생들의 학력 수준이 낮다. 그러나 활동중심수업에 적극적으로 참여하며 성장하는 모습이 나타난다. 교사들은 자존감이 높고 활동중심수업을 잘 이해하고 있다. 학부모들은 학교에 대한 신뢰가 상당하다.

변화를 이끈 이는 학교장이었다. "불필요한 전시성 행사는 빼고 수업에 집중하자"라는 취임 일성에 지지 교사 그룹이 형성되었다. 수업 변화를 주도한 수석교사, 거꾸로수업을 도입한 교사 그리고 기록의 필요성을 역설한 교사 등 제각기 역할을 할 수 있는 교사들이 등장하면서 교사대토론회를 통해 수업과 연계한 행사를 수립하는 등 큰 변화가 시작되었다. 다만, 학교 내부의 역동적인 변화가 외부로 확산되지는 못했다. 이 학교는 그동안 쌓은 역량을 다른 학교에 나누어 줄 수 있도록 적극 추천했다.

교육청(또는 교육지원청)이 일정한 역할을 할 필요가 있다. 변화는 학교 안에서 이루어지지만, 적당한 정책 수립과 지원 등의 외부적인 도움도 필요하다. 맞춤장학을 위해 교육청은 어떻게 다가가야 할까? 가장 좋은 것은 돕지 않는 듯 돕는 것이겠지만, 교육청의 특성상 자꾸 빠른 시일 내에 달콤한 열매가 나오기를 바란다. 이것은 모든 일을 망치는 지름길이다. 학교 마음대로 하게 내버려 두는 것이 가장 좋다. 그런 다음 도와달라고 할 때 필요한 부분만 돕는 것이다. 줄탁동시(啐啄同時). 병아리가 알에서 깨어날 때 딱 적당한 기회에 어미 닭이 바깥에서 알을 깨는 것을 말하니, 학교가 변화를 시도할 때에 교육청은 바로 어미닭과 같은 역할을 해야 한다. 결코 쉬운 일이 아니다.

  수업을 바꾸기 위해 지역 전체를 대상으로 하는 어떠한 형태의 맞춤장학이라도 필요하다면 시도해야 한다. 예산과 강사는 크게 문제가 되지 않았다. 많은 비용이 들지 않으며, 관심을 기울인다면 수업을 고민하는 교사들은 언제라도 만날 수 있다. 강사풀은 넉넉하다.

  그래도 학교 대상 맞춤장학은 사전 준비를 철저히 해야 한다. 내부의 수업 리더와 교사들의 성장을 끌어낼 수 있도록 진행해야 한다. 그리고 학교 밖 교육과정-수업-평가-기록의 일체화 교사동아리를 구성하고 운영하면 좋다. 물론 주 활동은 사례나눔이다.

꽃은 오랜 시간 준비하고 때를 맞아 피어난다

  동아리 선생님들을 만나면 늘 힘을 얻는다. 교사 생애주기에 따라 고민이 다르고, 경험이 달라서인지 다양한 이야기를 들을 수 있다. 그리고 그 이야기들을 통해 에너지를 얻게 된다.

  "벽을 뚫고 들어가도 되지만 돌아가도 된다. 우리는 그 안에 있는 사람들을 만나 설득하고, 그 사람들이 스스로 벽을 깨도록 도와주어야 한다."

'교육과정-수업-평가-기록의 일체화로 학교 문화 바꾸기'에는 학교의 세 주체인 학생, 학부모, 교사가 함께하는 것이 매우 중요하다.

학교운영위원장과 위원들이 모이는 자리든, 2천 명의 학부모가 모이는 자리든 기꺼이 달려갔다. 학교 문화 바꾸기에는 학부모들의 도움이 절대적인데 그런 시간을 그냥 얻었으니 어디든 당연히 달려가야 한다.

상급학교 입시가 학교 교육을 규정하는 억지가 우리나라에서는 상당히 오랜 시간 마치 당연하다는 듯이 퍼져 왔다. 그러다 보니 대학입학전형이 발표되면 고등학교는 물론 초등학교까지 출렁거린다.

최근 학생부종합전형이 확대 되니 온통 난리다. 마치 대전투를 앞두고 있는 듯하다. 감정적으로 보인다. 그런데 속상하다. 사실 교사들에게는 과거 수능 위주의 교실이 가장 편하다. 학교생활기록부를 고민할 이유가 없다. 아이들의 꿈과 끼. 그런 것은 다 논외이다. 교실은 오직 문제풀이 기술, 한마디로 찍기 기술만 가르치면 된다. 수업을 디자인하기 위해 고민할 이유가 없다. 아이들은 그저 밤 10시까지 책상에 앉아 있으면 된다. 협력수업, 프로젝트 수업 이런 게 왜 필요하겠는가. 어쩌다 찍어서 맞춘 한 문제에 등급이 바뀐다. 대학이나 학과는 모두 점수로 한 줄 세우니 진로에 대한 고민이 무슨 소용 있으랴. 공부 잘하는 몇 명만 데리고 수업을 하고 그들만 대학에 보내도 학교 이름은 충분히 날릴 수 있다. 소위 명문이 되는 것이다.

아이들이 즐겁고 신나게 공부를 하고 교사와 학교는 학교생활기록부 기록을 촘촘하게 하고 대학은 그걸 바탕으로 학생들을 선발하고…. 그러니 아이들은 어느 특정한 대학을 의식하여 공부하는 것이 아니라 자신이 신나게 할 수 있는 부분을 더욱 키워줄 수 있는 대학을 찾아 지원하고…. 대학은 백화점식 학과 개설로 종합경영을 하기보다는 특성화된, 작지만 강한 학과로 아이들의 꿈을 키우고…. 이것이 그냥 꿈으로 끝날 것이냐, 현실이 될 것이냐. 이 변화를 끌고 갈 수 있는 시점이 바로 지금이고, 그 역할을 우리가 해야 한다.

학교 리더들과 끊임없는 대화를 통해 변화의 단초를 마련하려고 한다. 학교 리더가 교장, 교감을 의미하는 것은 아니다. 영향을 끼쳐 변화를 끌어내는 분들이 리더이다.

교육과정-수업-평가-기록의 일체화 연수는 교사들을 세 그룹으로 나누어 운영했다.

자발적인 교사 그룹, 지역별 교사 동아리, 신설 고등학교 등과 같은 정보소외지역의 교사들. 그러나 어느 지역이든 교사들과 자주 대화를 나누었다.

꽃을 피우기 위해 준비하는 시간은 오래 걸린다. 하지만 꽃은 순식간에 피었다가 진다. 때를 못 맞추면 열매를 맺고 다시 씨를 맺기 어렵다. 준비하지 않은 자는 때가 되어도 맞이할 수 없다.

교육과정-수업-평가-기록의 일체화는 새로운 정책이 아니다. 학교에서 가장 기본이 되는 교사와 학생의 활동이지만, 분절적으로 인식되었다. 교사와 학생의 활동은 분절적으로 떼어놓고 보기가 어렵다. 그동안 한 줄로 꿰어야 한다고 생각하지는 못했던 것 같다. 그러다 보니 이 부분에 대한 연구는 극히 드물다.

이론적인 정리도 필요했다. 시간을 쪼개어 서울대와 공동으로 학교생활기록부 기록에 대해 연구했다. 그 결과물이 '학교생활기록부 정보의 재구조화'(2016.2)이다. 이 자료를 서울대에 들어가기 위한 진학정보지로 생각하지 말아달라는 부탁을 하고 싶다. 이 연구를 통해 학교 교육이 어떻게 학교생활기록부에 기록으로 담기고 대학은 그 학교생활기록부를 어떻게 해석할 것인가를 고민했다. 그래서 우리는 다음과 같이 제언할 수 있었다.

1. 수능 영향력 약화 혹은 자격 고사화
2. 학생부종합전형의 공정성을 제고하기 위한 고교-대학의 공동 노력
3. 교사 간 학생 정보의 소통과 공유를 통해 만들어지는 학교생활기록부 기록 시스템
4. 학교생활기록부 관련 지침과 기재요령의 전면 개편
5. 학교 내 수상과 창의적 체험 활동의 양 축소
6. 학교 교육과 활동 프로그램 운영 방식의 변화

이러한 제언을 바탕으로 우리는 정규 교육과정 내에서의 수업에 주목했다.

1) 정규 교육과정 수업 방법의 질적 개선
2) 교과 수업과 학내 활동의 연계
3) 학생 주도로 기획되고 실행되는 창의적체험활동과 독서활동
4) 문제풀이식 시험에 의한 수상이 아니라 한 학기(이상)의 준비가 필요한 수상
5) 각종 수상을 위한 평가과정에 학생도 참여
6) 학교생활기록부에 학교 행사 기록 배제 혹은 학생 개인의 활동이 있는 경우에만 기재

연구 자료의 결어 제일 마지막에 이런 말을 넣어 대한민국 교육과 관련 있는 모든 분에게 간곡히 부탁드렸다.

> 모든 교사가 학생 중심의 학교생활기록부 기록 방법과 학생부종합전형의 평가 방법을 숙지할 수 있도록 교생 실습, 신규 임용교사 연수 프로그램, 일정 연수 등 상시적인 연수 프로그램에 학교생활기록부에 대한 교육을 포함하기를 제안한다. 모든 교사가 학생의 진로에 관심을 갖고 있어야 이러한 방식의 기록이 가능하다. 이제 우리 앞에 놓인 선택은 학교생활기록부와 수능 가운데 학교가 무엇을 따라가야

하는지 명확하게 하는 데 있다.

미래는 준비해야 맞이할 수 있다. 주위가 어둡다고 투덜대지 말고 내가 먼저 촛불을 켜야 한다. 그것이 우리 아이들을 살리는 일이라면 더욱 머뭇거릴 이유가 없다.

2부

불안은
누가 만들어내는가

5장

교사가 희망이다

2015년 12월 어느 날, 한 신문에 다음과 같은 기사가 실렸다.

> 교사가 되기를 원하는 청소년들은 OECD 회원국 중 두 번째로 많은 것으로 드러났지만, 실제 우리나라 교사들이 느끼고 있는 직업 만족도는 세계 꼴찌 수준인 것으로 나타났다.
> 지난 20일 경제협력개발기구(OECD)는 '누가 교사가 되고 싶어 하는가'라는 보고서를 발표했다. 보고서에 따르면 OECD 회원국 15세 학생들 중 장래희망을 '교사'로 꼽은 학생들이 가장 많은 나라는 터키(25%)였다. 이어 한국(15.5%)과 아일랜드(12.0%), 룩셈부르크(11.6%), 멕시코(8.2%) 순이었다.

반면 실제 교사들 중 '교사가 된 것을 후회한다'고 답한 교사가 가장 많은 나라는 응답률 20.1%를 자랑한 한국이었다. 이어 스웨덴(17.8%)과 포르투갈(16.2%), 칠레(13.9%), 폴란드(10.3%)가 뒤를 이었다.[8]

직업만족도가 떨어지는 이유는 '교육 방침에 대한 부모들의 개입이 늘어난 것'으로 분석했다.

학부모들이 평가와 학교생활기록부 기록에 지나치게 개입하는 부분이 있다. 평가에 대해서는 1점 차이에 대해 매우 민감하게 반응하고, 학교생활기록부 기록에 대해서도 교사의 권한을 침해하는 경우가 허다하다. 이러니 학교생활기록부 기재요령(2016)에는 '학생평가 및 평가결과에 근거한 학교생활기록부 기재는 교사의 고유 권한으로 학생이나 학부모 등으로부터 기재할 내용을 제공받아 그대로 입력하는 등 부적절한 방법으로 기재가 이루어져서는 아니 된다'라고 명시될 정도이다. 학부모들의 지나친 간섭은 교사들의 평가활동을 위축시킨다. 우리 사회가 편법과 지나친 점수 경쟁에 오랜 시간 노출되다 보니 그나마 남아 있던 일말의 도의도 다 땅에 떨어진 듯하다.

신뢰는 상대적이다. 서로 믿을 수 있을 때 가능하다. 평소에 학생

---

8   2015년 12월 22일 세계일보

을 제대로 관찰하지 않고, 누적 자료가 없는 교사는 학년 말에 학교생활기록부 기재를 하기 위해 학생들에게 내용을 적어오라고 하는 경우가 있다. 이는 스스로 교사평가권을 포기하는 행동이다. 이 행동은 교사 집단 전체에 불신이라는 상처를 입힌다.

사회를 정화하는 역할은 학교가 해야 한다. 학교 안에 있는 대다수 교사는 아직도 맑은 물의 근원이 된다.

아이들과 함께하는 모든 순간이 너무나 소중하다

왜 교사가 희망일까?

교육과정-수업-평가-기록의 일체화의 기본은 교사와 학생의 관계이다. 관계 맺기가 중요하다. 관계 맺기를 하기 위해서는 공감 능력이 중요하다. 교사의 공감 능력은 매우 중요하다.

'아이들과 함께하는 1분 1초가 너무나 소중한 5월입니다.'

연일 엄청나게 쌓이는 이메일을 열다가 컴퓨터 밖으로 툭 떨어지는 이 문장에 눈이 머무는 순간은 불과 몇 초. 하지만 그 여운은 길었다. 아이들을 사랑한다고 외치는 수많은 말보다 이 말은 너무나도 깊었다. 그 이유를 알기 때문이다. 세월호 참사의 아픔을 겪은 단원고. 그 현장에서 만나 함께 아픈 시절을 겪었기에 이렇게 던져도 서로 잘 안다. 1분 1초라는 말이 얼마나 가슴 아픈 말인지. 공감의 힘이다.

　5월은 속도가 너무나도 빠른 시기이다. 학교는 더 그렇다. 많은 행사가 줄줄이 이어지고, 휴일도 참 많다. 고3 아이들은 공부 리듬이 무너진다. 1, 2학년 아이들은 더 심하다. 1차 지필(중간고사)이 끝나면 현장체험이 이어지고, 각종 경시대회가 그 뒤를 잇는다. 실로 체험의 계절이요, 탈교실의 시기이다. 이 시기를 놓치지 않기 위해 억지로라도 공부하라는 말은 차마 하지 못하겠다. 연일 흥미진진한 행사를 하면서 10대들의 뜨거운 피를 누르고 차분하게, 이성적으로 생활하라고는 말할 수 없다.

　10대에게 친구는 참 소중하다. 행여나 부모가 친구 흉이라도 보게 되면 큰 싸움이 난다. 친구를 대신하여 부모에게 대들기도 한다. 그만큼 친구들에게 영향을 받는 시기이다. 날 추운 날이면 내 겉옷을 벗어 친구에게 준다. 친구와 서로 옷을 바꿔 입기도 하고, 친구를 위해서는 시험을 포기하기도 한다. 이런 아이들의 특성을 어른들은 이해하기가 어렵다. 5월은 어른과 아이들 사이에 관계 맺기에서 한 걸음 더 나아가 공감 능력을 키우는 기회로 삼자.

　우리 한국인들은 관계 맺기에 참 서툰 편이다. 워낙 수직 사회 구조에 익숙해 있다 보니 만나면 서로 나이부터 확인한다. 그래서 서열을 재빨리 정한다. 동갑이라 하더라도 '빠른', '늦은'으로 어떻게든 서열을 정한다. 사실 3개월 더 먼저 태어났다고 얼마나 차이가 날까. 그럼에도 그걸로 '형, 아우' 하고는 좋아한다. 이제는 서열 중심의 '관계 맺기'가 아니라, 친구들의 고민을 함께 나누고 아픔을 위로하는 관계 맺기를 하자. 배려하고 그 사람 입장에서 한 번 더 생각한다면, 그리고 그를 나와 똑같이 생명을 지닌 존재로 존중한다면 우리 사회에서 폭력은 존재하기 어려울 것이다.

'배려'는 절대 지식으로 얻을 수 없다. 가슴속에 자리 잡아 몸에 배어 있지 않다면 결코 어느 순간에 나올 수가 없다. 꼭 익혀야 할 삶의 언어가 공감 능력이다. 공감할 줄 모르는 관계 맺기는 아무런 관계도 아니다. 아무래도 활동으로 아이들끼리 몸이 부딪히는 시간이 많은 5월이니 억지로 시간을 내어 지식을 익히려고 애쓰는 것보다야 관계 맺기를 통해 인성과 활동 영역을 넓히면 더 좋겠다.

서로 몸을 부딪치며 지내다가 동질감을 느끼면서 동반자 관계가 된다. 그때부터는 무심히 던지는 말도 깊은 울림으로 다가온다. 이러한 깊은 울림은 머리로 사귄 사람들보다 더 깊은 우정으로 남아 삶의 동반자가 된다.

선생님,
옆에만 계셔 주세요

맞다. 그때는 그랬다. 내 나이 사십 대 초반이었고, 대학진학지도 경험도 어느 정도 쌓였기에 세상이 조막만 하게 보이던 때였다. 날카롭게 갈아놓은 칼처럼 내 말은 시퍼런 살기를 뿜으며 아이들 가슴에 꽂혔다. 세상은 내 손 안에 있었다. 수업 시간 50분 동안 내뱉은 어마어마한 양의 단어가 교실에 쌓이고, 바닥에 흩어진 지식의 파편에 맞아 아이들은 몽롱한 눈으로 나를 바라보았다.

'자식들, 승부는 났다.'

싸움에서 이긴 무사가 검을 거두듯 나는 수업 종소리를 배경으로 냉소를 흘렸다. 다음 시간, 또다시 적들을 단칼에 벨 장소를 찾아 걸음을 옮겼다. 아이들이 무엇을 얼마나 배웠는가는 그다지 중요하지 않았다. 교과서를, 아니 문제지를 몇 쪽 나갔는지가 더 중요했다.

한창 날리던 때(?)였으니 교단에 서면 저절로 아이들 머리 위로 갈 수 있는 대학 이름이 보였다. 앞쪽에 앉은 몇몇은 지금도 여전히 선호의 대상이 되는 대학 이름이 걸리고, 대다수 아이는 그저 그런 대학 이름이 걸렸다. 아이의 얼굴이 무슨 색인지, 오늘은 어디가 아픈지 그런 것은 눈에 들어오지 않았다. 아니, 들어올 이유도 없었다. 내가 오늘 이 교실에 들어온 까닭은 녀석들의 점수를 1점이라도 더 올리기 위한 역사적 사명을 띠고 있었기 때문이다.

"○○쪽 펴라."

내 손에 교과서는 없어도 좋았다. 이미 오래전부터 내가 곧 교과서였다. 그냥 분필만 잡으면 그날 해야 할 분량이 술술 나왔다. 그럴수록 아이들의 놀라움은 커졌다. 나는 그것을 존경심이라고 생각했다. 참 오랫동안 아이들은 내가 던진 말 표창을 가슴에 맞아야 했다. 그 녀석을 만나기 전까지.

"경찰서입니다. ○○ 학생 담임되시죠?"

눈을 비볐다. 어제가 수능 시험일, 늦은 시각까지 채점을 독려하고 기록한 점수표를 가져오라고 몇 번이나 확인하고 나서야 잠이 들었는데, 동이 트기도 전에 전화 소리에 일어나야 했다. 옷을 겨우 걸치고 인근 경찰서로 달려갔다. 녀석은 한쪽 손목에 수갑이 채워져 창살에 묶여 있었다. 인권이라는 개념도 제대로 없던 시절이기에 수갑이 어떤 의미인지도 모르는 듯한 녀석의 모습이 당혹스러워 아무 말을 하지 못하고 있었다. 무엇을 해야 하나. 망연자실하여 그냥 서 있는데 녀석이 눈을 떠서 나를 확인하더니 그만 고개를 숙인다.

"죄. 송. 해요…."

"아, 이 녀석이 말이죠. 어제 주차된 차량에 불을 지르려고 했습니다."

"그런데 수갑은 왜…?"

"좀 혼내주려고 채웠죠."

얼마나 놀랐을까. 손목에 '찰각' 날카로운 금속성 소리를 내며 채워진 수갑이 얼마나 차가웠을까.

"이제 그만 풀어 주시죠. 제가 이놈 담임입니다."

검찰로 넘겼기 때문에 그럴 수 없단다. 게다가 수능을 전후하여 특별단속기간이라 더더구나 안 된단다. 어찌어찌하여 겨우 수갑은 풀게 했다.

"어떻게 된 거냐?"

수능 시험이 끝나고 너무나 마음이 홀가분한 나머지 술을 한잔했다고 했다. 녀석하고는 어제저녁 통화를 하지 못했다. 뭐, 점수를 기대하지 않은, 지극히 평범한 아이였기 때문이다. 전화 순서도 1등부터 차례대로 했으니 녀석은 새벽이 다 되도록 내 전화를 받지 못했을 게다. 어쨌거나 술을 한잔하고 집에 다 왔는데 줄지어 서 있는 차가 눈에 띄었다. 갑자기 타이어에 불이 붙을까 하는 생각이 들었단다. 주머니를 찾아보니 일회용 라이터가 잡혔다. 웃음이 터져 나왔다. '키들키들' 웃으며 타이어에 라이터를 들이댔다. 그러나 아무리 라이터를 들이대도 불이 붙지 않았다. 그냥 일어서는데 마침 근처를 지나는 경찰에 잡힌 것이다.

"그게 전부야?"

"네."

나도 갑자기 웃음이 터져 나왔다. '크흑'

"그게 전부란 말이지?"

하지만 녀석은 재판까지 받았다. 현장범이고 방화범이기 때문이란다. 몇 번이나 녀석과 함께 검사를 만났다. 그리고 내가 각서를 쓰고서야 녀석은 더 이상 검찰에 가지 않게 되었다.

대학에 가야겠다고 하기에 인근 대학 신학과를 보냈다. 아이의 적성, 이런 것은 안중에도 없었다. 그냥 점수로 갈 수 있는 대학을 선택했다. 그저 4년 동안 무사히 잘 다니기만 빌었다. 아니나 다를까 머리를 노랗게 물들이고, 뒷주머니에는 드럼채를 꽂고 다녀 그 대학 총장도 녀석을 불러 주의를 줄 정도였다. 얼마 뒤에는 갑자기 그룹 활동을 한다며 자기가 TV에 나온다고 나한테 전화를 했다. 그렇게 흘러가는 듯했다.

"선생님, 저 미국 가요."

"미국에는 왜?"

녀석의 20대는 그야말로 파란만장했다. 목회자이신 부모님도 서서히 포기하기 시작했다. 그나마 다행스러운 것은 나에게는 꼬박꼬박 안부 전화를 했다. 이번에는 무슨 일일까. 갑자기 미국이라니.

"저, 제대로 공부하려고요."

"무슨 공부?"

"신학 공부 제대로 해보려고요."

"신학?!"

녀석의 입에서 나온 이 말은 굳건하던 내 편견에 살짝 금이 가게 했다.

"이제는 저도 다른 사람을 위해 살아야겠어요."

그렇게 녀석은 미국으로 건너갔고, 어렵게 공부하고, 학위까지 받고 돌아왔다.

미국에서 들어온 녀석은 또다시 나를 찾았다. 제법 의젓했다.

"너는 왜 이렇게 사람을 놀라게 하니?"

"하하. 맞아요. 선생님. 그래도 저 때문에 유치장에도 가 보셨고, 검사 앞에도 서 보셨잖아요."

녀석은 그때의 일을 넉살도 좋게 풀어놓았다. 유쾌하면서도 밝았다.

"저는요. 경찰서에서 선생님 뵙기 전까지 선생님이 그저 무섭기만 했어요. 깐깐하고 다른 세상 분 같았지요. 수업 시간은 단조로운 그 목소리로, 어휴, 완전히 자장가였잖아요. 그런데요. 수갑 찬 채 하룻밤을 거기에 있는데 저를 도와줄 사람이 아무도 없는 거예요. 무섭기만 하고. 그래서 선생님이 오시면 좋겠다고 생각했죠. 어, 그런데 정말 오신 거예요. 그냥 저를 바라보는 눈빛이 그렇게 좋을 수 없었어요."

그렇게 자유분방한 시절을 보내고, 공부를 결심하고 미국으로 건너가 힘들 때도 포기하지 않았던 가장 큰 이유가 옆에 있었던 그 모습 때문이란다. 나는 그저 고개만 끄덕일 뿐 이미 사제관계는 역전되어 녀석이 나의 스승이 되어 있었다.

자리에서 일어나면서 건넨 말 한마디에 나의 견고한 틀은 완전히 깨져버렸다.

"선생님, 아무 말씀 안 하셔도 좋으니 아이들 곁에 함께 있어 주세요."

지금 당장
시작하라

 만화가인 강사는 조용하지만, 힘 있는 목소리로 강의를 마쳤다. 잠시 정적이 흘렀다. 그리고 이내 우레 같은 박수 소리가 울려 퍼졌다. 감동적인 강연에 적극적으로 화답하는 박수였다.
 "지금 당장 시작하게 하십시오."
 마지막으로 한 말은 파문이 되어 내 가슴을 뛰게 했다.
 '지금 당장 시작하라.'
 요즘 우리 교육을 관통하는 화두는 '꿈'과 '끼'이다. 2016년 전면 시행을 앞둔 자유학기제를 보급하면서 교육부는 이 단어를 함께 전했다. 학교 현판에는 큼직한 글자로 이 말이 내걸렸다. 경쟁 교육에서 탈피하여 아이들의 '꿈'과 '끼'를 키우겠다는 의지의 표명이었다. 그러나 우리의 10대들은 이 단어 때문에 꿈이 있어야 정상적인 아이들이라는 강박관념이 생겼다.
 학교생활기록부를 반영하는 일부 고교입시나 대학입시를 준비하는 학생들은 '꿈'이 없다면 낙오자라는 인상을 갖게 되었다. '너의 꿈은 무엇이니?' 어른들은 아이들을 보면 이 말부터 했다. 성적을 물어볼 때의 난감함보다야 낫기는 하지만 아이들의 당혹스러움은 여전했다. 우리 사회를 지배하는 '교육은 미래를 준비하는 것'이라는 명제에 빠져있는 기성세대는 아이들에게 꿈을 갖기를 강요했고, 꿈을 모르겠다는 아이들을 보면 한심하다는 듯이 혀를 찼다. 그러나 정작 아이들이 하고 싶어 하는 일에는 관심을 두지 않았다.

어른들의 기준에 맞는 '꿈'은 없어도 아이들에게는 '자기가 하고 싶은 일'은 있다. 어른들은 '꿈'이라는 단어를 화려하고 안정적인 직업을 대신하는 말로 사용한다. 심한 경우는 자신이 하고 싶었던 일을 아이들이 대신하기를 바라는 마음으로 '꿈'이라는 단어를 사용한다. 오죽하면 이런 동시가 있을까. 한 초등학생이 쓴 '여덟 살의 꿈'이라는 제목의 시다.

나는
사립초등학교를 나와서
국제중학교를 나와서
민사고를 나와서
하버드대를 갈 거다.
그래 그래서 나는…
내가 하고 싶은
정말 하고 싶은
미용사가 될 거다.

사립초등학교, 국제중학교, 민사고에 하버드대까지 어른들은 아이에게 꿈을 강요한다. 그런데 정작 아이가 하고 싶은 일은 미용사이다. 아이에게 '꿈'은 미용사지만, 어른들에게 '꿈'은 사립초등학교이고 국제중학교이며 민사고에 하버드대이다. 아이들이 미용사를 하고 싶다고 말하면 우리는 펄쩍 뛴다. 그건 꿈이 될 수 없다고 소리 지른다.

박재동 화백은 세계 어린이 만화가 대회에 참가한 영국의 줌 록맨(Zoom Rockman)을 소개하면서 우리 아이들이 '당장 시작하라'는 말을 실천해야 하는 이유를 설명했다.

줌 록맨의 어머니는 아이가 만화가가 되겠다고 하자 이렇게 말했다고 한다.

"그래, 지금 당장 만화를 그리렴. 그리고 그 만화를 팔아보렴."

줌 록맨은 어머니의 말씀을 따라 만화를 그렸고 친구들에게 팔기 시작했다. 지금은 자신의 만화로 월간잡지를 만들어 전 세계에 판매하고 있는 어엿한 만화가가 되었다. CEO가 되고 싶다는 아이에게는 직접 사업체를 만들어보고 용돈을 벌게 하고, 사회복지사가 되고 싶은 아이는 지금 다른 사람을 돕기 시작하면서 경제활동까지 할 수 있게 하라고 했다. 경제활동은 반드시 가족이 아닌 다른 사람을 대상으로 해야 한다. 그 이유는 경제활동은 절실함과 함께 보상을 주기 때문이다. 이러한 절실함과 보상은 아이들이 자신의 꿈에 도달할 수 있도록 성장하게 한다. 미래를 위한 준비에 가장 빛나는 아이디어를 지닌 10대를 저당 잡힌 나머지 일찍 늙어버리는 한국의 젊은이들에게 꼭 필요한 말이다.

내 속에 있는 또 하나의 고정관념이 깨지는 소리가 났다.
"그래. 지금 당장 해야 한다."
잠시 멍하게 있다가 진심으로 고마운 마음을 박수로 표현했다.

믿음을 주는 도구

오늘도 김하정 선생님은 아이들을 하나하나 꼼꼼하게 살피고 계실 게다. 그 선생님을 만난 지는 꽤 된다. 경기도진로진학지원센터에서 일하면서 대입상담교사로 만났다. 하지만 같은 학교에서 근무한 적은 한 번도 없다. 그래도 그 선생님의 시선이 어디에 머무르고 있는지는 알 수 있다. 끝없이 현장에서 학생들을 위한 방법을 찾고자 애쓰는 모습에는 저절로 고개가 숙어지는 분이다.

'학교생활기록부 기록 나눔 한마당'에 이 선생님을 강사로 모셨다. 1학년 아이들을 대상으로 학교생활기록부 기록을 고민하는 모습을 보았기 때문이다. 아니나 다를까 강의 내내 감탄이 이어졌다. 강의가 끝나자 선생님들이 우르르 몰려나왔다. 자료를 받고 싶다는 거다. 또한 자기네 학교에 와서 강의해달라는 말이 이어졌다.

"내가 쓴 학교생활기록부의 한 줄이 한 학생의 운명을 바꿀 수 있습니다."

학교생활기록부에 대한 선생님의 소신이다.

작년의 고생이 전혀 생각이 나지 않을 만큼 보람을 느끼고 있습니다. 치열한 학교생활기록부 작성을 통해 아이들을 대학에 잘 보냈기 때문이 아닙니다.

제가 보람을 느끼는 부분은 바로 '신뢰'입니다.

학생들과 나, 학부모들과 내가 갖는 서로에 대한 신뢰입니다. 학생들은 선생님이 자신들에게 관심이 있다는 것을 압니다. 변화하고 노력하는 모습에 대해 격려하고 있다는 것을 귀신같이 알아챕니다. 그러니 더 열심히 하려 합니다.

학생들에게 매주 주말 과제를 주는데, 성적에도 반영되지 않는 그것을 '모든' 학생이 참 열심히 해옵니다.

정말 단 한 명의 아이도 포기하지 않습니다.

'단 한 명의 아이도 포기하지 않겠습니다'의 주체는 교사입니다. '단 한 명의 아이도 포기하지 않습니다'의 주체는 학생입니다. 우리 아이들은 단 한 명의 아이도 포기하지 않고 있습니다. 저는 이런 바탕에 '신뢰'가 있다고 생각합니다. 그리고 이런 '신뢰'를 쌓는 데 '학교생활기록부 기록'은 참 편리한 도구라고 생각합니다. 감시의 도구가 아닌 성장을 기록하는 도구요.

'아 우리 선생님이 나의 변화를 민감하게 지켜보고 계시구나. 나에게 관심이 있구나.'

이렇게 믿음을 주는 도구입니다.

지금이 대학입시나 학교 교육에서나 전환기라고 생각한다. 학령인구는 줄어들고, 평가 패러다임도 바뀌는 시점이다. 일제식 고사로 아이들을 선발하는 시대는 서서히 저물고 있다. 그렇다면 대안이 있어야 한다. 대안으로 삼아야 할 평가 중 하나가 정성평가이다. 이 정성평가의 중심에 학교생활기록부가 있을 수 있다. 그렇다면 학교생활기록부에 대한 대학, 고교, 학부모의 신뢰가 자리 잡아야 한다. 이 선생님과 같이 치열하게 노력하는 분이 계신다면 분명 신뢰는 쌓일 수 있다고 믿는다.

씨앗 교사

학교생활기록부는 교육부에서 훈령으로 기록에 대해 지침을 마련한다. 최근 들어 상급학교 진학에 중요한 자료로 활용되면서 학교생활기록부에는 온갖 유혹이 따른다. 거짓으로라도 더 기록하고 싶은 교사들의 제자를 향한 잘못된 애정과 내 아이만 챙기겠다는 학부모들의 이기심이 결합되어 학교생활기록부는 거짓 보고서나 과장 보고서로 점철되기도 한다. 반면에 학교생활기록부에 대한 무관심으로 학생 개인에 대한 성장보고서가 되어야 할 학교생활기록부가 마지못해 기록하는 군더더기 일로 전락되기도 한다.

수미이취(數米而炊)라는 말이 있다. 원래 인색하거나 곤궁한 삶을 뜻하는 말이었는데, 최근에는 할 필요가 없는 자질구레한 일을 한 다는 의미로도 쓰인다. 학교생활기록부가 천덕꾸러기, 즉 수미이취 취급을 받기도 한다. 그러나 학교생활기록부의 중요함을 깨닫고 준비한 교사 모임이 바로 '학교생활기록부 실무지원단'이다. 그분들은 누구보다도 먼저 객관적이고 신뢰감이 있는 학생들의 성장기록을 남기기 위해 애썼다. 매년 여름과 학년이 끝나는 겨울이면 전체 학교의 학교생활기록부를 점검한다.

학생부종합전형은 학교생활기록부 기록을 가장 중요한 자료로 삼는다. 그러다 보니 과장하여 기록하고자 하는 욕구와 서류 분석을 통해 제대로 된 인재를 선발하고자 하는 입학사정관들의 치열한 줄다리기가 벌어진다. 학교생활기록부는 학생이 학교생활에서 성장하는 모습을 담는다. 과장되거나 거짓 기록을 남기면 안 된다. 행여 '저급한 열정'이라도 만나면 학교생활기록부는 곧 거짓 기록부가 되고 이는 게임의 규칙을 어기는 비겁한 행위이다. 입학사정관들은 이런 학교생활기록부를 만나면 거짓 정보를 통해 학생을 선발하는 꼴이 된다. 그래서 일부에서는 점수로 학생을 선발하는 방법이 가장 객관적이라고 주장하기도 한다.

우리는 참 많이 보아 왔다. 얼마나 많은 아이가 의미 없는 치열한 경쟁의 틈바구니에서 꿈을 접어야 했는지를. 학교생활기록부를 기반한 전형이 성공하려면 교사들은 양심에 따라 학생들의 객관적인 성장을 담아내야 한다. 그리고 대학은 학생의 학교활동으로 그 학생의 잠재력을 평가하고 성장 가능성을 찾아내 인재로 키워내야 한다. 그것이 현재 학생부전형의 게임 규칙이다.

여기에는 무엇보다 우선하는 것이 있다. 바로 신뢰성이다. 신뢰성은 소통에서 비롯된다. 자주 만나 이야기를 하고 듣다 보면 서로의 생각을 알게 된다. 그러다 서로 닮아 가면 거기에 답이 나오게 되어 있다.

'교육과정-수업-평가-기록의 일체화로 성장 중심의 교육과정 운영을 위한 토요 직무 연수'라는 긴 이름의 연수를 기획하고 강사를 섭외하고 행사를 진행하고 마쳤다. 강사로는 입학사정관들, 수업전문가들, 평가전문가들이 대거 참여했다.

수업, 평가, 기록은 중요한 일이지만, 학교 내에서 단절되어 하나의 일로 여겨졌다. 자신의 관심에 따라 교사들은 수업, 평가, 기록의 어느 한 부분만 유난히 강조했고, 그것을 절대적인 진리로만 받아들였다. 수업을 중요하게 생각하는 교사들은 다른 부분은 모두 잡무로 치부했다. 평가를 중요하게 생각하는 사람들은 지나치게 형식적인 부분을 강조했다. 기록을 중요하게 생각하는 사람들은 지침의 준수 정도와 대학의 관심도를 높게 받아들였다.

그러나 이는 아이들의 성장을 위해 교사가 주도적으로 해야 할 가장 기본적인 일이며 서로 관련이 있다. 연수를 기획했던 까닭도 수업을 바꾸고, 그에 따라 평가도 바꾸며, 당연히 기록도 병행되어야 하며, 이를 통해 교사가 학교에서 해야 할 가장 기본적인 일의 가치를 되찾고 학교에서 화두의 중심이 되기를 바랐기 때문이었다. 그것을 대학과 중등교육기관이 함께해야 한다는 생각이 간절했다.

제일 먼저 이 연수 대상자로 생각한 분들이 바로 '학교생활기록부 실무지원단'이었다. 이 분들이라면 '씨앗 교사'가 될 것으로 생각했다. 한 사람이 세 사람을 도와주고, 이렇게 도움을 받은 사람이 또 다른 세 명을 돕는다면, 이 세상에는 모두 서로 돕는 사람들로 가득할 것이라는 꿈처럼 이제 첫발을 뗀 이 일이 곧 대한민국 교육 전체로 확산되길 기대한다. 그래서 학교 문화가 바뀌길 꿈꾸어 본다.

교사를 춤추게 하라

몇 해 전부터 대입설명회장에 초등학교 학부모들이 심심찮게 보이더니 요즘은 그 비중이 제법 늘어났다. 설명회를 가지 않으면 정보에 뒤처진다는 이유 때문이다. 사설입시기관의 불안마케팅이 원인이라고 하지만 그것은 핑계일 뿐이다. 대입에 대해서는 정부가 북치고 언론이 장구 치면서 불안을 조장한 탓이 더 크다. 정보가 힘인 시대에 대입이 매년 바뀐다고 하니 학부모들은 불안하다. 그런데 가만히 있으면 불안은 공포가 된다. 더구나 자녀에 대한 교육열이 지나칠 정도로 높은 우리 학부모들이 아닌가. 내 아이를 위해서는 어디든 쫓아다닐 수밖에 없다. 학부모들의 불안을 덜기 위해서는 학교가 먼저 움직여야 한다.

학교생활기록부를 잘 기록하기 위해서는 아이들과 관계가 좋아야 한다.

대입에서 학생부종합전형의 비중이 커지고, 더구나 서류(학교생활기록부) 100% 전형이 늘어나는 추세라 모두들 학교생활기록부에 대한 관심이 커지고 있다.

'어떻게 하면 잘 기록할 수 있을까?'

학교에서는 학교생활기록부 기록이 확 바뀔 수 있는 비법을 바라는 눈치이다. 그러나 이 질문은 잘못되었다.

학교생활기록부를 잘 기록하기 위해서는 삼위일체가 되어야 한다. 학교는 학교교육계획에 의거하여 학생들이 다양한 활동을 할 수 있는 프로그램(場)을 만들어야 하며, 이를 위해 학생 중심의 교육과정을 모색해야 한다. 학생은 자신의 목표를 향해 끊임없이 탐색하고 노력하는 과정이 필요하다. 교사는 학생이 참여하는 활기찬 수업을 고민해야 하고, 활동이 이루어지는 과정을 평가하고 기록해야 한다. 어느 한쪽의 역할만 중요하다고 할 수 없다. 세 요소 중 교사는 학생의 '성장'과 대학의 '선발'을 이어주는 역할을 한다. 따라서 학생부종합전형의 정착 여부도 결국은 교사에 달려있다고 해도 과언이 아니다.

그러나 참 어렵다. '배움에서 도피'하는 아이들을 상대로 '과중한 업무' 속에서 '따지기 좋아하는 학부모들'과 '툭하면 잔소리를 늘어놓는 관리자들' 틈에 끼어 자존감은 땅에 떨어진 교사들이 막상 할 수 있는 일은 별로 없어 보인다. 이러니 교사들의 요구는 매년 똑같다. '잡무를 줄여달라', '학급당 학생 수를 줄여달라.' 2014년 OECD 교육지표 내용을 보면 25~34세의 고등학교 이수율은 98%이며, 고등학교 교사 1인당 학생 수는 15.4명으로 OECD 평균인 13.8명보다 많다. 일반고를 기준으로 볼 때 수업일수는 190일(OECD 평균 180일)이며 순 수업 시간은 549시간(OECD 평균 655시간)이다. 평균치라는 함정이 있기는 하지만 수치상으로 볼 때 근무여건이 아주 나쁘다고는 할 수 없다.

문제는 땅에 떨어진 자존감이다. 하루에도 몇 번씩 상처 입는 자존감에 갈수록 '교육에서 도피'하려는 교사가 늘어나고 있다. 또한 학교에서 교사의 역할이 강조됨에도 불구하고 의사결정의 주체가 되지 못하고 있다. 적대적인 학생들과 불신으로 가득한 학부모들이 교사를 무자비하게 공격해도 교육청이나 관리자들이 방패가 되어주지 않는다.

교내 프로그램을 마련할 때도 대부분 교사는 수동적이다. 말을 해봤자 일만 늘어 날 테니 가만히 있는 것이 좋다. 한때는 우수한 인재였던 그들이 세상을 시니컬하게 바라본다.

그래도 또다시 교사에 기댈 수밖에 없다. 우리는 이미 확인했지 않은가. 활기찬 학교에는 적극적인 교사들이 있었다는 사실을. 성공한 혁신학교는 교사들의 열정이 그 중심에 있었다. 대입 준비도 마찬가지이다. 수업을 바꾸고 아이들이 즐겁게 대입을 준비할 수 있도록 하려면 무엇보다도 교사들이 춤춰야 한다. 자존감이 강한 교사들이 학생과 학부모들을 학교로 불러들인다.

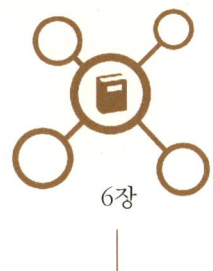

6장

대학,
학교생활기록부에 반하다

고등학교에 입학하면 으레 듣는 말이 있다. 교사들이나 학부모, 선배들조차 모두 "학교생활기록부 관리를 잘하라"고 말한다. 대학입시에서 서류전형이 확대되고, 가장 중요한 서류가 학교생활기록부이니 당연히 관리를 잘해야 한다.

'관리를 잘해야지.' 모두 다 중요하다고 하니 잘해야 한다고 결심한다. 그런데 곧이어 이런 의문이 뒤따른다. 뭘 어떻게 관리해야 하는 거지? 왜 관리해야 할까? 또 어떻게, 무엇을 관리해야 하나?

학교생활기록부는 말 그대로 '학교생활'을 '기록'하는 '서류'이다. 기록하는 사람은 교사이고, 대상은 학생의 학교생활이다. 학생의 학교생활은 학교의 교육과정과 관련 있다. 즉, 수업과 교내활동이다. 학교가 그 학교의 인재를 키우기 위해 학교 구성원들이 함께 고민하여 만든 교육과정 속에서 이 학생이 어떻게 성장했는지를 기록한다.

학교생활기록부는 모두 10개의 항목으로 구성되어 있다. ① 인적사항, ② 학적사항, ③ 출결사항, ④ 수상경력, ⑤ 자격증 및 인증 취득상황, ⑥ 진로희망사항, ⑦ 창의적체험활동상황, ⑧ 교과학습발달상황, ⑨ 독서활동상황, ⑩ 행동특성 및 종합의견으로 나누어 학생의 교내활동 전반을 기록한다.

대학입학사정관이 학교생활기록부를 본다는 의미는 그 학생이 고등학교에서 학교생활을 어떻게 했나를 보겠다는 것이다. 이때의 관점은 성실성, 지속성, 변화의 추이 등이다. 그렇다면 학교는 계획하고 있는 모든 프로그램을 유기적으로 결합하여 아이들의 성장을 돕기 위한 과정으로 구성해야 한다. 그냥 행사를 했다는 사실이 중요한 것이 아니라 이러한 성장프로그램 속에서 아이가 어떻게 변했는가를 관찰해서 기록해야 한다.

그런데 기록이 풍부하려면 교사의 관찰력도 중요하지만, 무엇보다도 학생의 적극적인 활동이 많아야 한다. 학교생활기록부의 각 항목에는 교사들의 서술형 기록이 담기는 특기사항이 있다. ③, ⑥, ⑦, ⑧, ⑩번 항목이 그러하다.

교사들이 관찰한 학생 개인의 활동이 이곳에 담긴다. 출결에 대한 특이사항은 ③번 항목에, 진로희망에 대한 사항은 ⑥번에, 동아리활동과 봉사활동 등은 ⑦번 항목에 기록한다. 교과 선생님들은 ⑧번 세부능력 및 특기사항에 학생이 보인 '수업에 대한 반응'을 기록한다. 질문을 많이 하고 적극적으로 수업에 참여하는 학생이라면 이 항목에 대한 기록을 걱정하지 않아도 된다. 담임교사는 학생의 1년 활동을 종합하여 ⑩번 항목에 기록으로 남긴다. 이러한 서술형 기록에는 미사여구나 추상적인 어휘는 가급적 쓰지 않는다. 학생의 행동을 알 수 없기 때문이다. 대신에 구체적으로 표현한다.

교사들은 보지 못한 학생의 행동을 기록할 수는 없다. 모두 학교 안에서 이루어지는 활동만 담게 된다. 그러니 교사의 눈을 벗어나 학교 밖에서 개인적으로 한 학생의 행동은 기록되기 어렵다. 행동 자체가 기록되는 것이 아니라 학생의 성장을 관찰한 기록이기 때문이다. 학교 밖에서 한 아이의 행동을 교사들이 직접 관찰할 수 없다. 그러니 당연히 기록할 수 없는 것이다. 그래서 학교생활기록부는 '아이의 학교생활을 기록한 성장이력서'이다.

다시 말하면, 학교생활기록부는 교사가 보는, 학교교육과정 안에서 학생의 행동(반응) 변화를 기록하는 장부이다. '학교생활기록부를 잘 관리하라'는 말은 곧 학교생활을 적극적으로 하라는 의미이다. 수업 시간에 열심히 참여하고, 학교 안에 개설된 프로그램으로 미래를 설계하고, 프로그램이 없다면 친구나 선생님들과 함께 만들어가는 과정을 통해 한 단계 더 크게 성장할 수 있도록 해야 한다.

대학,
학업 역량에 주목하다

　한양대 대입전형R&D센터가 학생과 학부모, 교사 등 1,175명을 대상으로 진행한 '대입 수시전형 인식조사' 결과를 보면 응답자의 58%가 학생부종합전형에 유리한 학교로 특목고를 꼽았다. 그 이유로는 '학교의 교육과정과 교내활동이 다양하다'는 점(55.2%)을 들었고, 학생들의 학업 성취도가 높다는 점은 11.6%에 그쳤다. 한편으로는 맞고 또 한편으로는 잘못 이해하고 있다.

　서울대는 학생부종합전형으로 수시를 진행하면서 '성적도 우수한 학생을 뽑겠다'고 했다. 성적'만' 우수한 학생이 아니라 성적'도' 우수한 학생이라는 점을 눈여겨보아야 한다. 이는 교과성적(내신)만 보겠다는 말이 아니다. 우리는 흔히 내신이라고 하면 교과전형에서 평가하는 과목평균합산 방식을 생각한다. 학생부종합전형에서 보는 교과성적은 성적의 '추이' 즉, 변하는 모양을 살핀다.

　입학사정관들은 성적이 향상되고 있는가, 전공 관련 과목의 성적은 우수한가, 가장 좋았던 학기의 성적은 어떠한가, 과목 성적이 편중되어 있지는 않은가를 본다. 학생부종합전형에서 일정한 실적을 낼 수 있었던 학교들은 다양한 비교과 활동과 더불어 교사들이 수업에 대해 고민했기 때문이다.

　모 입학사정관이 이런 고백을 했다.

"처음에는 혁신학교에 갸우뚱했다. 그런데 올해 수시모집에서 학교생활기록부를 들여다보고는 좀 놀랐다. 학교생활기록부 내용이 참 좋더라."

혁신학교의 주된 고민은 수업의 변화이다. 일방적인 지식 전달에서 학생참여형 수업으로의 변화를 고민하는 과정에서 교사들은 교과서를 재구성하기도 하고, 수업방식을 다양하게 바꾸기도 한다. 무엇보다도 학생들이 수업에 참여하여 스스로 성장하게 돕는다. 단순한 교과목 평균합산 방식이라면 내신 경쟁이 덜 치열한 일반고가 백번 유리하다.

'대입에서 특목고가 유리하다, 일반고가 유리하다'는 논쟁은 아무런 의미가 없다. 학생부종합전형 제도에서는 암기식, 주입식 교육에 안주하고 문제 풀이에만 전념하는 학교는 좋은 결과를 낼 수 없다. 아이들이 자기 주도적으로 학습에 참여하는 학교라면 학생부종합전형에서도 좋은 결과를 낼 수 있다. 가만히 생각해보면 교육의 본질로 돌아갈 수 있는 절호의 기회이기도 하다.

학생부종합전형은 서류 중심 전형이다. 학교생활기록부, 추천서, 자기소개서 등의 서류를 중심으로 학생을 평가하는데 가장 신뢰할 수 있는 서류는 학교생활기록부이다. 학교생활기록부는 교과 성적 항목을 포함하여 비교과의 항목까지 모두 담겨 있어 학생을 종합적으로 평가하는 새로운 기준이 된다.

대학에서는 '학업 역량'이라는 말을 즐겨 쓴다. 이 학업 역량은 단순히 교과성적을 의미하지 않는다. 학교 수업에서 드러난 학생의 반응과 다른 항목을 통해 드러나는 지적탐구 과정을 종합적으로 말할 때 학업 역량이라고 한다.

특히 학교생활기록부 항목 중 교과학습 발달상황의 '세부능력 및 특기사항'은 수업에 대한 학생의 반응을 직접 확인할 수 있는 부분이다. 이 항목은 그 학생이 있는 교실에 들어오는 모든 과목 교사가 기록한다. 대학은 '세부능력 및 특기사항'에 기재된 내용을 통해 수행평가, 학습 태도, 자기주도학습 내용, 학생의 구체적인 관심 등을 확인한다. 과목 교사들은 1년간 자신의 수업에 참여하는 학생들과 다양한 교류를 한다. 이런 교류 내용을 이 부분에 기재하는데 주로 특별한 교류 경험을 그 즉시 기록한다. 탁월한 점만을 기록하는 것이 아니라, 보완할 점도 기록한다. 한 학생이 어떤 분야에 관심이 있으며, 그 관심 내용을 실천하기 위해서 어떤 학습 과정을 밟아왔는지 등의 정보가 담겨있다.

아무래도 수업 시간에 적극적으로 참여하는 학생들이 교사들의 관심을 받는다. 학교생활의 대부분인 수업 시간에 충실하고, 이를 바탕으로 지적탐구를 발전시켜 나가면서 교사들의 도움을 적극적으로 받으면 학업 역량은 더불어 커가게 된다.

호기심을 채우는 독서활동

서울대는 서류전형에서 학생의 독서활동을 꼭 확인한다. 학교생활기록부에 독서활동에 대한 다양한 기록이 있어도 면접 질문이 이어진다. 실제 독서는 매우 중요하다. 그저 학교생활기록부에 기록하기 위해 마지못해 하는 독서는 고통이지만, 스스로 즐겨 하는 독서는 고등학교 생활을 풍족하게 하는 자양분이 된다. 특히 학년이 낮을수록 독서의 위력은 어마어마하다. 그러나 우리는 독서마저도 대학에 들어가기 위한 도구로 이용한다. 우리 아이들에게 독서는 시험공부일 뿐이다. 문제풀이 하는 것과 다를 바가 없다.

서울대에 합격한 학생들이 읽은 책 목록이 교실마다 붙었다. 경영대 지원자는 〈경영학 콘서트〉, 사회대는 〈왜 세계의 절반은 굶주리는가〉, 사범대는 〈죽은 시인의 사회〉가 단연 두드러졌다. 인문대는 〈정의란 무엇인가〉, 자연대는 〈페르마의 마지막 정리〉, 의과대는 〈이기적 유전자〉를 가장 많이 읽었다고 한다. 최근 3년간 꾸준히 10위권에 든 책은 모두 7종으로 〈아프니까 청춘이다〉, 〈페르마의 마지막 정리〉, 〈정의란 무엇인가〉, 〈왜 세계의 절반은 굶주리는가〉, 〈이기적 유전자〉, 〈연금술사〉, 〈꿈꾸는 다락방〉이 그것이다. 그런데 왜? 독서마저도 시험공부 하듯 해야 하는 우리 10대들의 젊음이 안타깝다.

"책 읽어라. 대학 갈 때 후회하지 말고…."

사실 많은 부모가 아이들에게 독서의 중요성을 대입과 연결하여 말한다. 정작 본인은 책 한 번 펴보지 않으면서 책 읽기를 강요하기도 한다. 아이들은 고역이 아닐 수 없다. 막연하게 권하는 책 읽기는 아이들에게 새로운 짐을 얹어주는 것에 불과하다.

"요즘 고민 있나 보네. 이럴 때는 이런 책을 읽어볼까?"

이렇게 말하면 아이들은 조금 숨구멍이 열리는 느낌이 든다.

"한 달에 한 권씩 읽고 토론하자."

이건 숨 막힌다. 어릴 때부터 습관이 되어 있지 않은 아이들에게는 창살 없는 감옥이다. 그럼에도 대입이라는 거대한 괴물 앞에 우리는 충실한 노예가 되기를 주저하지 않는다.

학교생활기록부의 독서활동란에 기록된 도서명은 학생의 지적 수준을 그대로 드러낸다. 교사들은 학생이 제출한 도서목록에 의지하여 독서활동을 작성하는 경우가 많다. 사실 학생들이 독서를 통해 어떤 영향을 받았는지, 그로 인한 삶의 변화 과정이 어떠한지를 파악하기에는 어려운 부분이 있다. 그럼에도 불구하고 독서는 '학업을 잘 수행하기 위한 기본기'이며, '지적 호기심과 학업 역량의 통합적 지표'가 된다. 독서야말로 가장 적극적인 지적 활동이다.

독서를 잘하려면 배경지식이 필요하다. 배경지식은 그동안 공부한 학습량과 관계있다. 얼마나 많이 읽었는가보다는 어떤 책을 읽었는가를 통해 지원자의 역량을 판가름할 수 있다. 그런데 이 독서

역량은 문제풀이식 교육으로는 절대 늘어나지 않는다. 학교생활기록부에 거짓으로 도서목록을 올릴 수는 있어도 진정으로 우리 아이들의 지적 역량마저 올라갈 수는 없다. 실제로 〈정의란 무엇인가〉를 읽었다는 학생들에게 몇 마디만 물어보아도 확인할 수 있는 것이 독서이다.

독서는 왜 해야 하는가? 독서는 사고력을 키운다. 꾸준히 독서를 한 학생들은 논리적이면서도 어떤 책을 읽었느냐에 따라 사고의 스펙트럼이 넓다. 이런 학생들은 토론을 하든, 논술을 쓰든 깊고 넓다. 책을 읽을 시간이 없다고? 아니다. 당장 점수를 올리기 위한 공부보다 먼저 시작해야 하는 일이 바로 독서이다. 자신이 가장 궁금해하는 것과 관련 있는 내용의 책부터 손에 잡고 읽을 수 있도록 학생들에게 권하자.

교사가 쓰는
교육활동 종합 보고서

학교생활기록부는 교사가 1년 동안 쓰는 학생성장보고서(논문)이다. 가설을 증명하거나 이론을 세우는 논문과는 달리 관찰이 중심이 되며 대상은 '한 학생'이다. 물론 교사가 만나는 학생 수에 따라 작성해야 할 보고서의 숫자가 늘어난다. 이 보고서는 크게 네 영역으로 나눌 수 있다.

제1영역은 관찰 대상에 대한 인적사항이다. 당연히 학생의 신상과 학적, 출결, 진로희망사항이 들어간다.

제2영역은 교과 영역이다. '교과학습발달상황'의 교과성적과 세부능력 및 특기사항(이하 '세특')이 기본이 된다. 교과성적은 평가결과를 숫자로 변환하여 기록한다. 또한 교과 담당교사들은 수업에 참여하는 학생의 반응을 세특에 기록한다. 교사의 시각에 따라 평가한 기록은 편견이 될 수 있다. 따라서 수업 시간에 일어난 학생의 활동에 대해 기록해야 한다. 당연히 수업 시간에 활동이 많으면 관찰할 기회가 늘어나기 때문에 기록은 풍부해진다. 교사들이 수업에 대해 고민하는 이유 중의 하나이다. 당연히 수업이 바뀌면 거기에 따라 평가 방법도 달라질 수밖에 없다. 특히 수업의 처음부터 끝까지 기획하고 배움이 이루어지며 마무리하는 과정까지를 평가하는 수업밀착형 평가의 비중이 커질 수밖에 없다. 형태는 관찰평가가 중심이 된다.

제3영역은 비교과 영역이다. '창의적체험활동상황'을 비롯한 '봉사활동', '독서활동상황' 등이 이에 해당한다. 이 부분이야말로 학생들의 자기 주도성이 잘 드러나며, 동시에 교육활동 마당(場)이 얼마나 마련되어 있느냐에 따라 그 학교의 교육역량을 짐작할 수 있는 부분이기도 하다. 이 교육역량에 따라 아이들의 활동은 더 풍성해진다.

제4영역은 종합영역으로 행동특성 및 종합의견이다. 결론에 해당하는 부분이다. 앞에서 나온 내용을 요약하기도 하고 부족한 부분을 채우며 종합하기도 하는 부분이다.

보고서는 기록자가 객관성과 일관성, 논리성을 유지할 때 빛이 난다. 학교생활기록부는 매년 연말에 어쩔 수 없이 하는 귀찮은 일이 아니라 교사가 연중 관찰한 자료를 바탕으로 1년에 한 번씩 꼭 써야 하는 교육활동 보고서이다. 입시에 맞춘 보고서가 아니라 1년 동안 '우리 아이'가 '수업'과 '교내활동'에서 어떻게 활동했느냐를 객관적으로 기록한 문서이다.

그래서
학교생활기록부 기록이다

"평가권 독립해야 합니다. 교사들이 가르치고 그 내용을 바탕으로 평가를 해야 하는 것, 그리고 그 평가에 대해 왈가왈부하지 말아야 하는 것은 맞지요."

'교육을 바꾸는 사람들' 대표이신 이찬승 선생님이 어느 포럼 자리에서 나에게 던진 반문이었다. 학부모들이 학교생활기록부에 대한 불신이 이렇게 큰 이유는 결국 교사들이 평가에 대해 스스로 신뢰를 무너뜨린 일이 많았고, 이를 회복하기 위한 자정 노력이 너무 없었기 때문이라고 했다. 아무리 믿어달라고 해도 학부모들에게 드리운 불신의 늪이 너무 깊다는 것이다. 학교생활기록부를 믿을 수 없는 상황에서 대학은 대학별 고사에 미련을 둘 수밖에 없다.

최근 대학입시에서 학교생활기록부의 비중이 커지고 있다. 대학에서는 학교생활기록부의 어느 항목에 주목할까?

경기남부지역 대학 연합으로 당시 입학사정관전형으로 합격한 학생이 자신의 고교 생활을 말하고, 입학사정관들이 중점적으로 평가했던 부분을 설명하는 행사가 있었다. 이 자리에서 입학사정관들은 한결같이 학생들의 성장에 주목했음을 말했다. 활동을 했다는 사실에만 주목하는 교사와 학부모에게는 '심화적 추이, 학교생활의 충실성, 꾸준한 노력, 분명한 목표 의식'이라는 입학사정관들의 말이 의외일 수 있었다. 아니나 다를까. 강의 시간 내내 믿을 수 없다는 표정이 많았다.

교사들은 학생들이 수업에 참여하도록 수업을 재미있게, 활동적으로 바꾼다. 수업이 이렇게 바뀌니 평가의 방향도 당연히 변할 수밖에 없다. 아이들의 반응을 관찰하고 이를 학교생활기록부에 기록하는 행위, 즉 수업, 평가, 기록이 교사들의 교육활동이다. 이미 하고 있는 수업혁신, 평가혁신이 어떤 흐름에서 이루어지고 있으며 이러한 활동이 왜 필요한가를 안다면 학교생활기록부 기록도 어떻게 해야 할지 판단이 된다.

학교생활기록부는 미사여구를 기록하는 장부가 아니다. 학생들의 성장을 담는 이력서이다. 더구나 글자 수 제한도 있다. 몇 자 쓰다 보면 제한 글자 수를 넘어간다. 학교생활기록부에는 교외활동은 기록되지 않는다.

학교생활기록부는 교사가 기록한다. 활동만 죽 나열하는 것이 아니라 이 활동을 통해 아이가 어떻게 성장했는가를 '교사의 언어'로 써야 한다. 그러면 학생의 행동은 언제 나타나는가? 수업과 기타 시간에서 보여주는 '반응'이다. 내 수업 시간에 아이들이 어떤 반응을 보이는가를 기록하면 된다. 이렇게 쓸 수 있는 방법은 오직 관찰이다. 아이들을 관찰해야 가능하다. 관찰의 내용을 자주 기록해야 한다. 학교생활기록부는 매년 말 일정한 기간에 학급의 모든 아이를 한꺼번에 기록하는 장부가 아니다.

교사들의 교육활동은 수업, 평가, 기록으로 이루어진다. 우리는 '왜' 수업을 개선하려고 했던가. 간단하다. 학생들을 수업에 참여하게 하고자 함이다. 그 방법은 아이들의 입을 열고 움직이게(활동) 해야 한다. 그래서 발표수업, 토론수업, 협력수업 등으로 다양한 형태의 수업이 진행되며 이를 위해서는 교과서와 그 외 수업 도구를 재편성할 수밖에 없었다.

수업이 바뀌니 평가도 덩달아 바꿀 수밖에 없다.

대학입시에서 학교생활기록부가 부각되는 일은 무척이나 다행스럽다. 교사들에게 기회가 온 것이다. 교권이 땅에 떨어졌다고 한탄하고, 교육이 무너졌다고 실망하고 있을 때가 아니다. 교사 스스로 공교육의 중심에 당당하게 서서 개선해나가야 한다. 그래야 우리가 희망이 된다. 언제나 교육의 위기마다 이를 돌파해냈던 이들은 교사였다. 선생님들의 눈망울이 다시 가슴을 뛰게 한다. 정말 좋다.

7장

학교활동,
대입의 문을 여는 비밀 열쇠

교육과정-수업-평가-기록의 일체화가 주목받기 시작한 것은 학생부종합전형이 확대되면서였다. 중요한 서류인 학교생활기록부 기록이 더욱 중요해졌다. 그렇다고 기록만 잘하고자 편법을 쓰면 안 된다. 학교생활기록부는 대입이 목적이 아니라 학생들의 성장을 기록하는 것을 목적으로 해야 한다. 즉, 교육과정-수업-평가의 과정에 학생들이 참여하여 배움이 일어나게 하고 그 결과를 기록해야 한다. 그리고 대학은 이 학교생활기록부를 해석하면 된다.

학생의 성장이력서를 거짓으로 채울 것인가

고등학교에 입학하면 대부분 대입이 학교생활의 목표가 된다. 중학교 때까지만 해도 다양한 활동을 한다. 혁신학교도 기웃거리고, 체험도 많이 한다. 게으름을 피우기도 한다. 그런데 고등학교에 들어가면 대입의 충복(?)이 된다. 무엇 때문일까? 혹시 교사들이 아이들의 불안을 부채질하지는 않았을까?

사실 우리는 막연한 것에 대한 두려움이 있다. 이 두려움이 증폭되면 공포가 된다. 막상 실체를 알고 나면 두려움은 허탈감으로 바뀌지만 말이다. 허탈감까지는 아니더라도 최소한 아이들을 불안 속에 있게 해서는 안 되겠다.

교사들이 먼저 현재 대학입시를 알아야 한다. 대학은 '선발'을 한다. 선발을 하려면 기준이 필요하다. 아이들을 점수로 구분하는 방법이 있겠고(정량적 평가), 성장 과정을 살피기도 한다(정성적 평가). 어찌 됐든 골라내기만 하면 된다. 대학이 우리 아이를 기준으로 선발하면 좋겠는데 그렇지 않다. 이러다 보니 아이들에게 대학의 기준에 맞추라고 말한다. 그런데 4년제와 2년제를 포함하여 대학이 350여 개나 된다. 어느 기준에 맞추라는 말인가? 아이들은 혼란에 빠진다.

학교에는 누가 있을까? 그렇다. 교사와 학생이 있다. 학교에서 일어나는 모든 일은 교사와 학생이 중심이 되어야 한다. 입시 역시 이 명제에서 출발한다. 학생은 학교에 가서 무엇을 할까? 학교에서는 공부를 한다. 그래서 수업 시간이 중요하다. 그런데 수업 시간에는 집중력이 필요하다. 집중력을 끌어올리려면 질문을 많이 하거나 아이들끼리 토론하게 하는 등의 방법이 필요하다. 학생참여수업이 이런 것이다. 이렇게 수업 시간에 집중한 결과가 교과 성적으로 나타난다. 그것이 대학수학능력시험으로, 논술전형으로, 면접전형으로 이어진다.

학교에서 교과수업만 하는 것은 아니다. 교내활동도 한다. 가끔 이런 아이들이 있다.

"선생님, 어느 동아리를 들어가야 대학 진학에 유리할까요?"

그러면 나는 이렇게 대답해준다.

"아무 동아리든 괜찮다. 네가 좋아하는 동아리에 들어가서 신나게 놀아라."

자기가 신나니 동아리 활동 열심히 할 거고, 그러면 학교생활기록부 기록은 덩달아 좋아지게 된다. 교내활동은 대입의 전형요소 중 하나인 면접과 관련이 있다. 결국 학생이 학교에서 하는 교과수업과 교내활동을 선생님들은 학교생활기록부에 기록한다. 이를 반영하는 것이 학교생활기록부 전형이다. 그리고 선생님들이 아이를 3년 동안 지켜보았으니 그걸 기록해 달라고 대학에서 요구하는 것이 바로 추천서이다.

그런데 우리는 아이들의 교과수업과 교내활동은 팽개치고 그냥 수능, 논술, 면접, 학교생활기록부에 초점을 맞춘다. 그러다 보니 막연해지고, 준비할 거리도 많아진다. 실제로는 교과수업과 교내활동만 열심히 하면 된다. 현행 대입전형으로 살펴본다면, 이 중 학교생활기록부 가운데 교과만 반영하겠다는 것이 학생부교과전형이고, 다 보겠다는 것이 학생부종합전형이다. 논술을 보겠다는 것은 논술 위주 전형, 수능을 보겠다는 것은 수능 위주 전형이다.

학교생활기록부는 학생의 성장이력서

대입이 복잡하다고 해도 첫 출발은 교과수업과 교내활동을 충실하게 하는 것이다. 그런데 아이들은 물론이고 교사들도 자꾸만 엉뚱한 곳만 찾아 다닌다.

3학년 수험생을 대상으로 모의 면접을 했다. 긴장한 아이들이 벌겋게 상기된 채 면접실 문을 닫고 나왔다.

"어땠니?"

"너무너무 떨렸어요."

면접은 기본 서류를 확인하는 일반면접과 이를 바탕으로 학생의 인성, 가치관, 전공역량을 묻는 심층면접이 있다.

면접은 대학에 제출한 기본 서류를 바탕으로 이루어진다. 대학에 제출하는 기본 자료는 무엇일까? 기본 중의 기본은 학교생활기록부이다. 이를 보완하는 서류가 학생들이 쓰는 자기소개서와 교사가 쓰는 추천서이다.

학교생활기록부는 그 학생의 고교 3년 동안의 기록이다. 고교 3년 동안 아이가 어떻게 성장했는지를 관찰하고 기록하는 성장이력서이다. 간혹 오직 대학을 목적으로 이 성장이력서를 거짓으로 채우려고 한다. 마치 가짜 족보를 만들 듯이. 그런데 족보만 좋으면 뭐하겠는가? 중요한 것은 근본이 좋아야 하는 법이다. 우리 아이들을 가짜 족보에 올리고 싶은가. 아이가 커 가는 과정이 자연스럽게 그리고 진실 되게 담겨야 한다. 다시 말하지만, 학교생활기록부는 아이의 성장이력서이다.

대입에 꼭 따라오는 유혹이 바로 매니저론(論)이다. 관리를 해야 한다는 거다. 관리를 하려면 제대로 해야 하는데 우리는 아이를 분재처럼 키운다. 억지로 뒤틀고 있다. 분재가 보기에는 좋을지 모르지만, 대들보가 될 수는 없다.

학교교육과정을 디딤돌로 삼아야

학교생활기록부는 전부 10개의 항목으로 구성되어 있다.

1. 인적사항
2. 학적사항
3. 출결사항
4. 수상경력

5. 자격증 및 인증 취득상황

6. 진로희망사항

7. 창의적체험활동상황

8. 교과학습발달상황

9. 독서활동상황

10. 행동특성 및 종합의견

흔히 교과니 비교과니 하는 말을 한다. 학교생활기록부 10개 항목 중 '8번 교과학습발달상황'이 교과에 해당되고 나머지는 비교과인데 실제로 이 구분은 참 어렵다. 모든 항목이 서로 영향을 준다. 아이들이 성장하는 모습은 이 모든 항목을 함께 읽을 때라야 해석이 가능하다.

교과성적은 매우 중요하다. 학교생활은 수업활동과 교내활동으로 나눌 수 있는데, 학생들은 많은 시간을 수업을 하며 보낸다. 수업 시간에 집중한 결과가 교과학습발달상황이고, 교과목 선생님은 아이의 태도를 관찰하여 세부능력 및 특기사항에 남긴다. 교과성적과 함께 교사들이 기록하는 세부능력 및 특기사항을 입학사정관들이 눈여겨보는 이유는 평소 그 학생의 수업 태도가 궁금하기 때문이다.

아이들의 내신성적은 시험 결과가 쌓여 나타난다. 입학사정관들은 성적 추이를 통해 학생의 성실성과 수업 태도를 눈여겨 살펴본다. 내신성적은 차곡차곡 점수를 쌓아가야 한다. 그러니 교과성적에서 학생의 노력 정도를 알 수 있고, 대학은 이런 아이를 뽑고 싶은 것이다.

다음은 비교과이다. 비교과도 학교생활기록부 모든 항목을 바탕으로 그 학생이 고교 3년 동안 얼마나 신나게 학교생활을 했는지 본다. 고등학교는 어느 학교나 교육과정이 있다. 이 교육과정에는 그 학교 공동체가 키워내고자 하는 인재상이 반영되어 있다. 학교생활기록부 종합전형은 고교가 키워낸 인재상을 반영하는 선발 방식이다.

교육과정은 아이의 성장을 도와주는 디딤돌이 된다. 아이마다 도약 정도는 다르겠지만, 그래도 결국 아이들은 현재라는 뜀틀을 뛰어넘는다. 대학에 들어가기 위한 수단으로 고교생활을 하다 보면 지루하고 힘들고 지친다. 아이에게 교육과정은 걸림돌이 될 수도 있다. 하지만 자기 삶의 한 단계로서 고교 3년을 즐겁게, 신나게 지내다 보면 아이는 부쩍 성장해 있다. 이럴 때 학교교육과정은 디딤돌이 된다. 대학에서 보고자 하는 것이 이 성장의 모습이고, 그것은 모두 학교생활기록부에 기록되어 있다. 그래서 대학입시의 가장 기본은 학교생활기록부이다.

대입의 열쇠는
학업 역량이다

　가끔 등급으로 아이를 판단하는 교사를 만난다. 싫다. 우리 아이들이 얼마나 예쁜데 그 모습은 보지 않고 등급으로 나누다니. 그런데 우리 사회는 아무런 죄의식 없이 이렇게 아이들을 구분한다. 우리는 모두 상위 1%가 되기 위해 애쓴다. 아이들에게 상위 1%가 되라고 말한다. TV 드라마는 전부 재벌가 이야기인데 한결같이 소리 지르고 울고 싸우다가 끝난다. 왜 이리 재벌 막장이 인기냐고 하니 그래야 본단다. 서민 드라마는 시청률이 나오지 않는단다.

　학업 역량이라고 하면 우리 머리에는 국·영·수 성적에 따라 줄 세운 아이들의 등급이 떠오른다. 참 오래된 세뇌의 결과이다. 국·영·수는 학력이라는 논리. 아무개는 1등급, 또 아무개는 9등급. 내신등급이라는 말은 여러 가지로 불편하다. 모처럼 삼겹살이라도 먹자고 정육점에 가면 붉은 조명 아래 돼지고기들이 나란히 걸려 있다. 그런데 거기에 선명하게 등급이 찍혀 있다. 내신등급이라는 말에 돼지고기에 선명하게 찍힌 등급도장이 겹친다.

　아이들을 등급으로 매기는 행위를 그만두어야 한다. 그럼에도 그렇게 하지 못하는 까닭은 무엇인가. 우리 반 아이가 1등급이 되어 1등급 대학에 들어가 1등급 직장에 들어가 1등급 시민이 될 것이라는 마음이 있기 때문은 아닌가. 등급으로 아이를 보니 아이의 참모습은 보이지 않는다. 학업 역량이란 아이의 참된 성장 능력이다. 이것이 학력이다.

학교생활기록부 8번 항목이 교과학습발달상황이다. 학기마다 과목별로 아이의 성적이 기록되어 있다. 숫자로 나타난 이 성적은 우리 아이가 몇 점을 받았고, 전체 아이가 어느 정도 점수가 나왔는지를 보여준다. 하지만 얼핏 아주 객관적인 자료처럼 보이는 이 기록으로는 아이에 대해 정확히 알 수 없다. 그래서 성취평가제가 도입되었으나 고등학교는 성취평가제에서 사용하는 5단계 평가(A, B, C, D, E)와 동시에 9등급제를 병행한다. 아이들을 한 줄로 세우기 위함이다.

아이를 성장하게 하는 것은 지적 호기심이다. 지적 호기심은 숫자로 나타내기 힘들다. 학교생활기록부의 항목 중 아이의 지적 호기심을 알 수 있는 부분이 '교과학습발달상황'에 있는 '세부능력 및 특기사항'이다. 교과목 선생님들이 아이가 수업 시간에 어떤 태도를 보이는지를 서술하여 기록하는 란이다. 지적 호기심이 많은 아이의 특징은 질문이 많고 다양한 활동을 한다. 수업에 적극적으로 참여한다. 지적 호기심이 있는 아이는 가만히 있지 못한다. 궁금증을 해결하기 위해 고민을 하고 방법을 찾는다. 가장 많이 하는 해결 방법은 질문이며 스스로 탐색을 한다.

대학입시에서 좋은 평가를 받기 위해서는 스펙(spec)이 좋아야 한다고 한다. 왜 이런 오해가 생겼는지 모르겠다. 스펙은 구슬이다.

구슬이 많다고 좋은 평가를 받을 수는 없다. 이걸 어떻게 꿰느냐가 더 중요한데 그것이 바로 스토리(story)이고, 스토리는 성장 과정으로 나타난다.

대학입시에서, 특히 학생부종합전형에서는 아이의 성장에 주목한다. 아이의 성장 과정은 학교생활기록부의 모든 항목이 한데 어우러져 나타난다. 면접관들은 학업성취와 함께 인성과 역량을 찾아낸다. 면접관들은 학생이 '무슨' 활동을 했는지보다 '어떻게' 활동했는지를 더 궁금해한다. 즉 '무슨'은 스펙(spec)이지만 '어떻게'는 스토리(story)와 관련이 있다. 그런데 스펙이 중요하다고 생각하는 이 잘못된 믿음이 대학입시를 왜곡하였을 뿐만 아니라 학교교육과정도 뒤틀리게 만들었다. 우리 아이들을 스펙 시장으로 내몰았다. 고등학교도 학교 자체의 인재상을 고민하기보다는 보여주기 위한 프로그램을 남발했다.

'구슬이 서 말이어도 꿰어야 보배'라는 말이 있다. 우리 아이가 어떻게 성장하였으며 이 과정에서 해당 고교의 인재상은 어떤 작용을 했을까가 드러나야 한다. 당연히 학교에서 하는 교내활동을 통해 학생이 성장하는 모습이 드러난다. 오른쪽 표를 잠깐 보자.

이 학생이 다닌 학교는 '더불어 사는 삶을 실천하는 인간'을 육성하고자 한다. 이 학교는 이러한 인재상을 바탕으로 교육과정이 구성되어 있다. 당연히 동아리나 독서, 교과수업 등도 모두 이러한 인재를 키워내기 위한 한 과정이고 수업 형태도 토론과 질의응답이

영역	특기사항
동아리활동	인권침해 구제 제도의 민주적 운영에 관심이 높음. 그리고 인권 이슈에 대해 지신의 견해를 논리적으로 피력할 만큼 사유 관점이 분명함. 인권 개념 및 프로젝트를 진행하는 과정에서 열정적인 배움 태도를 보임
독서활동	『인권, 교문을 넘다』를 읽고 인권의 시작은 '나의 권리를 찾는 것부터 시작한다'라는 생각을 하게 되었으며, 개개인의 생활 속에서부터 인권에 대한 생각과 관심, 그리고 주체적인 관점이 인권을 지키는 일임을 생각하는 계기가 됨
교과학습 발달상황	아프리카와 같은 빈민 지역에 깨끗한 물을 제공할 수 있는 소형정수장치 개발에 대한 관심의 글을 썼으며, 최우수 비평문으로 평가받았음

상당히 활발하게 전개된다. 대학에서 학업 역량을 평가할 때는 학교생활기록부의 여러 항목에서 성장과 관련 있는 핵심어를 찾는다. 즉, 아이가 3년 동안 교육과정 속에서 어떻게 활동했고 이를 통해 성장한 모습을 찾아낸다. 여기서 이 학생의 학업 역량을 알게 되는 것이다. 이를 바탕으로 대학에 와서 어떤 성취를 이룰 수 있을까를 예측하는 것이다. 이 학생이 고교 3년 동안 보여준 학업 역량은 '논리적, 사유, 열정, 생각, 최우수 비평문' 등이다. 이제 면접으로 이를 확인하는 일이 남았다.

 교실이 바뀌고 있다. 교사들은 아이와 눈을 맞추며 관계를 맺고 아이들이 배우고 성장할 수 있도록 수업 방식을 바꾸고 있다. 교사들은 학생 모두가 참여하여 성취감을 느낄 수 있도록 세심하게 노력한다.

눈앞의 결과에 급급하여 어린 시절부터 문제풀이를 반복하면, 종합적 사고력을 요구하는 고등학교 단계에서 학업에 대한 흥미를 급격히 잃게 된다. 아이에게 무조건 공부하라고 하기보다는 수업 시간에 집중할 수 있도록 도와주는 것은 어떨까? 질문을 한다는 것은 수업에 그만큼 집중해야 가능한 일이다. 아이를 스펙 시장에 내모는 일은 교사가 할 일이 아니다. 아이가 성장할 수 있도록 도와주어야 한다.

아이들은 패배감에 빠져 있는 경우가 많다. 일반고를 살린다고 하지만 치열한 성적 경쟁을 해소하지 못한다면 공염불에 그치게 된다. 100명의 중학생 중 일반고로 진학하는 아이는 81명이고, 그중 45명이 4년제 대학에 진학한다. 4년제 대학을 졸업한 후 24명이 취업을 한다.[9] 그럼에도 우리는 '중학교 → 일반고 → 4년제 대학 → 취업'이라는 하나의 길만 생각한다. 결국 100명의 아이 중 24명을 위한 교육과정만 생각하고 있다는 말이다. 끔찍한 인재 낭비다. 이제 교육은 성적 중심에서 성장 중심으로 바뀌어야 한다. 지금의 작은 성취감으로 우리는 큰 인재를 얻을 수 있다.

---

9 정태화, 〈직업교육 혁신 2020〉(한국직업능력개발원)

스스로 준비하는 법을
알게 하자

할머니와 함께 공원을 산책하러 나온 꼬마가 있었다. 약간 높은 언덕을 올라간 꼬마는 아래 잔디밭으로 뛰어간다. 할머니는 잔잔한 미소로 아이를 지켜보고 계셨다. 넘어져도 거듭 일어나던 꼬마는 다시 언덕으로 올라가 아래로 넘어지지 않고 내려왔다. 스스로 대견했던지 꼬마는 소리 높여 외쳤다.

"드디어!!"

비로소 할머니는 아이의 손을 잡고 등을 토닥여 주었다.

예전에 공원에서 만난 할머니와 꼬마의 모습은 아직도 눈에 선하다. 꼬마가 자기 목표를 달성하는 모습, 그리고 그런 꼬마를 미소로 기다려 주신 할머니, 목표에 도달한 꼬마가 외친 '드디어'라는 말 모두가 감동이었다. 할머니는 '스스로 탐구하게 하자'라는 교훈을 가르쳐 주셨다. 그 방법은 참고 기다리는 것이다.

가끔 우리는 놀라운 소식을 접한다. 자식을 위해 학생의 스펙을 조작한 일이 발각된 것이다. 어머니와 몇 명의 교사가 작당이 되어 결국 아이의 인생을 망쳤다. 아니, 지금에라도 발각되었으니 오히려 잘 된 것인가.

대입 지원 전략이 무엇이냐고 궁금해하시는 분이 많다. 천하제일의 전략가인 제갈공명은 적벽대전에서 화공술로 조조의 백만 대군을 물리쳤다. 사람들은 이를 보고 제갈공명이 바람도 마음대로 부리는 신비한 능력을 가졌다고 했다. 하지만 제갈공명은 자신의 지식(천문과 지리)을 총동원하여 최선의 전략을 짰다. 실력을 총동원한 후 1%의 운을 기다렸다.

    대입 지원 전략도 마찬가지이다. 먼저 자신의 실력을 키우고 난 다음에 운을 기다려야 한다. 먼저 실력을 키워야 하는데 이 실력이 바로 스스로 탐구하는 능력이다.

    내게는 딸과 아들이 있다. 딸은 이미 직장생활을 하고 있고, 아들은 대학에 다닌다. 지금의 대학입시와는 조금 달랐던 시기에 수험생 학부모가 되었지만, 대입제도가 급변하는 시기라는 사실은 예나 지금이나 비슷했다. 게다가 입시전문가(?)로 경기도에 혁신학교 열풍이 불던 시기에 진로진학지원센터 일을 하던 때라 늘 머릿속에는 '우리 아이들이 어떻게 하면 행복하게 대학입시를 준비할 수 있을까'라는 화두가 떠나지 않고 있었다. 혁신학교가 교육을 살릴 수 있는 길이고, 학교생활을 열심히 하는 학생이라면 자신의 꿈을 찾아 대입을 치를 것이라는 전제가 있었다. 다행스럽게도 아들과 딸은 학교생활을 참 즐겼다. 두 녀석 모두 일반고를 나왔다.

    먼저 딸 이야기이다. 지금은 컴퓨터 게임과 관계있는 잘 나가는 대기업에 근무하는 새내기이다. 딸아이는 고3이 되자 스스로 자신의 장단점을 분석했다. 과목별로 꾸준히 학습하기 위한 계획을 세웠고, 특히 자신이 가고 싶은 학과와 관련하여 대입전형을 세밀하게 분석했다. 영어 시사, 독해 그리고 회화 능력까지 유지하기 위해 아리랑TV를 시청하고, 1일 30분 독서와 시사 주간지 한 꼭지를 읽고 요약 연습을 했다.

무엇보다도 학교에 가는 것을 즐겼다. 학교에서 문 잠그고 불 끄고 나오는 것이 좋다는 딸아이 덕분에 우리 부부는 번갈아 밤늦은 시각에 학교까지 가야 했다. 수업 시간에 집중했고, 논술 준비는 학교 특별 수업을 수강하며 친구들이랑 교환공책을 쓰고 서로 돌려보았다. 지역 신문에 자신의 학교생활을 연재하기도 했다.

결정적으로 수능시험을 망쳤지만, 그래도 좌절하지 않고 그동안 자신이 준비했던 유형의 논술전형을 찾아 대학에 지원했다. 이후 녀석은 화려한 대학 생활을 했다. 교환학생으로 이집트와 미국 대학에서 공부하는 기회를 잡기도 했다. 무엇보다도 자신의 장점을 최대한 살려 한 걸음 한 걸음 꿈을 이루기 위해 나아가고 있는 모습이 너무나도 예쁘다.

관계를 참 소중하게 생각하는 아들은 군을 제대하고 복학하여 대학에 다니고 있다. 늘 막차를 타고 들어와 우리 부부의 단잠을 깨우기 일쑤였다. 아들 녀석 책상머리에는 이런 글귀가 붙어 있었다.

1. 복습 시간 나는 대로 외우고 외워라. 공부는 인내심이다
2. 오답 봉투[11]를 활용하자
3. 형광펜으로 틀린 문제를 표시하라

4. 수업 시간 선생님 말씀은 무조건 다 받아 적어라
5. 일일 공부 계획을 짜라
6. 자기 스스로를 믿어라

  이 외에도 15개 항목으로 주저리 써놓은 글귀는 전부 스스로 어떻게 공부할 것인가 하는 내용이었다. 이 녀석도 학교가 최고라고 생각했고 선생님 말씀이라면 따르려고 애썼다. 교사인 아빠의 말은 듣지 않아도 자기 선생님 말씀은 꼭 따랐다. 학교에 대한 자부심이 대단했고, 무엇보다도 친구들과 함께하는 공부를 즐겼다. 아들 녀석의 학교생활기록부에는 '공부하는 시간에는 놀랍도록 집중하며 바른 공부 자세를 보이고 있으며, 6명의 친구와 스터디 그룹을 결성하여 어려운 문제를 서로 가르쳐 주고 함께 고민을 나누어 학업 성취도도 향상되었음'이라고 기록되어 있었다.

  아들 녀석은 지역 아동 센터에 봉사활동을 나가 중학생들이 쉽게 이해할 수 있도록 꾸준히 가르치는 방법을 고민했던 것 같다. 하루는 이런 말을 했다.

  "아빠. 생물에 나오는 내용이 너무 어려워 아이들이 이해를 하지 못해. 어떻게 하지?"

---

10 오답봉투는 오답노트가 아니다. 오답노트는 틀린 문제가 있으면 이를 잘 정리한다. 노트에 따로 정리하기 때문에 시간이 걸린다. 오답봉투는 그냥 큰 봉투이다. 모의고사를 치르고 나서 틀린 문제가 있으면 이를 가위로 잘라 봉투에 넣는다. 나중에 복습을 할 때 그 봉투에 든 문제를 꺼내어 훑어본다.

"네가 가장 잘 이해했을 때의 방법을 생각해 봐."

녀석은 그로부터 며칠 끙끙거리더니 마침내 방법을 발견했나 보았다. 자신이 찾은 방법으로 지도를 하고, 학급 아이들과도 공유했다. 그래서인지 학교생활기록부에는 '팀원들과 정기적으로 모여서 효율적이고 효과적인 수업 지도 방안에 대해서 회의를 하는 열의를 보임'이라고 기록되어 있었다.

자랑(?)삼아 말씀드린 우리 아이들의 입시기(記)이다. 부모인 나와 아내가 해준 일은 아이들이 스스로 준비할 수 있도록 자주 질문을 하고, 바라보고, 손을 잡아 주는 게 전부였다. 아이를 정말 사랑한다면 스스로 걸어갈 수 있도록 도와야 한다. 우리 아이가 마침내 꿈에 도달하고 "드디어!!!"라고 외칠 수 있도록 말이다.

서울대가 학생들에게 보낸 입시안내서(2011)에는 참 의미심장한 이야기가 있었다.

이제 서울대학교 입학 지원 방법에 대해서도 미리미리 챙겨야겠죠?
3월이면 전체적인 서울대학교 입학전형계획이 발표됩니다.
"너는 공부만 해라. 나머지는 엄마가 다~ 알아서 해줄게" ⇨ NO!!
어엿한 예비 서울대학생은 스스로 챙길 줄 알아야 합니다!

이 내용 뒤에 서류에 대해서도 이렇게 말했다.

그동안 열심히 노력해온 학교생활을 보여주세요. 서울대학교 입학지원 서류에는 여러분의 고등학교 생활의 모든 것을 담아주세요.

· 가장 힘들게 또는 신나게 공부했던 과목 이야기, 어떻게 공부했는지 등
· 고등학교 생활 중 가장 소중했던 경험
· 내가 정말 열심히 노력해온 일, 많은 시간을 쏟은 일

⇩

이제 대학생이 되기 위한 준비가 마무리되어갑니다.
대학에 보여주기만을 목표로 열심히 생활해온 것은 아니지만
서울대학교는 학교생활 모습을 담은 여러분의 이야기를 기다립니다.

우리는 오랫동안 이 말을 그냥 지나쳤다. 아니 알고도 모른 척했을지도 모르겠다.
"스스로 챙길 줄 알아야 합니다."

8장

불안은
누가 만들어내는가

「빗나간 모정에 선생까지 '짬짜미'…기상천외한 특급 대학입시 비리작전」이라는 제목 아래 자식의 대학입시를 위해 대대적인 비리를 저지른 어머니의 사연. 우리는 가끔 이런 보도를 접한다.

경찰청 특수수사과는 2013년 입학사정관제 대학입시에서 수상경력, 봉사활동, 해외체험 등에 대해 허위 사실로 서류를 작성해 부정 입학한 학생 손모 씨(20)와 그의 어머니 이모 씨(49)를 불구속 기소 의견으로 검찰에 송치했다고 8일 밝혔다. 이들에게서 금품을 받고 허위 자료 등을 작성하고 주선해 준 현직 고교 교사 민모씨(57·구속수감 중)와 권모씨(55), 홍모씨(46)도 함께 적발해 송치했다.

이들의 '짬짜미 사기극'은 4년 전인 2010년 손씨가 고교 2학년 때로 거슬러 올라간다. 어머니 이씨는 아들을 입학사정관제로 대학에 진학시키기로 정한 뒤, 큰딸의 입시 상담교사였던 ㄱ여고 국어교사 민씨를 찾아갔다. 민씨는 이씨에게 입학사정관제를 통과할 수 있는 '비법'을 알려줬다. 그가 알려준 것은 '무조건 상을 많이 타라는 것'. 민씨는 그해 10월 '한글날 기념 전국 백일장 및 미술대회'에 손씨를 참가시켰다. 손씨는 시 부문에 응모했고, 모두 4편의 시를 냈다.

그러나 문제는 손씨는 대회 현장에 나가지도 않았던 것. 그가 낸 것으로 돼 있는 시는 어머니 이씨가 직접 아들의 이름으로 원고지에 적어낸 것으로 드러났다. 시를 창작한 것도 다름 아닌 국어교사 민씨였다. 민씨는 이런 식으로 도움을 주고 이씨로부터 1년간 2500만 원을 대가로 받아 챙겼다. 어처구니없게도 '민씨가 짓고' '어머니가 대필한 뒤' '손씨의 이름으로 제출된' 이 시는 이 대회에서 금상을 수상했다. (이하 생략)

정성평가인 입학사정관전형이 시행되고 쉬쉬하면서 주고받던 이야기가 사실로 확인되는 순간이었다. 이후 여론에서는 '일어날 일이 일어났다'는 반응과 '미꾸라지 한 마리가 물을 흐렸다'는 반응이 나타났다. 입학사정관전형의 도입을 반대하던 이들은 눈에 불을 켜고 대들었다. 주관적인 평가라거나 준비하는 데 너무 많은 시간과 돈이 투자된다는 말도 여과 없이 이 전형을 공격하는 도구가 되었다. 지금은 학생부종합전형을 공격하는 논리로 쓰인다.

앞에서 소개한 기사는 어느 개인의 일탈로만 치부할 수 없다. 경쟁이 만들어낸 왜곡된 이 사회의 구조적 문제가 단적으로 드러난 일이다. 특히 교사들까지 동조했다는 사실은 이 사회가 얼마나 대입에 종속되어 있는가를 보여준다.

아무도 가만히 있지 않을 것이다

니트(NEAT)라는 국가영어능력평가시험은 개발하던 중 사라졌다. 일부 대학에서는 니트를 수능 영어 대신 활용하기도 했다. 그럼에도 2013학년도 대입에서 니트를 시범 적용한 대학은 7개 137명에 불과했다. 교육부(당시 교과부)는 니트에 무려 176억 원의 개발비를 투자했다. 2014학년도 수능에서는 36개 대학교가 니트를 수시전형의 평가요소로 반영한다고 발표했다.

대책도 없이 밀어붙인 정책은 곧바로 학부모들 사이에 니트 공포로 몰아쳤다. 당시 초등학교 5학년 자녀를 둔 한 학부모는 "영어 말하기와 쓰기 능력은 하루아침에 길러지는 것이 아니기 때문에 일찌감치 대비해야 하나 고민하고 있다"며 "주변을 보면 다른 학부모들은 아이들을 벌써부터 니트 종합반에 보내고 있다"고 말했다.

학원가는 온통 '니트' 붐이었다. 대형 어학원들은 니트반 신규 개설에 나섰고, 학습지도 자체적으로 니트 모의고사 등을 교재로 만들었다. 이뿐만 아니다. 니트 설명회에는 매번 수백 명의 학부모가 몰려들었다. 그런데 지금 니트는 어디로 갔을까? 추진했던 이들 중 사과하는 사람을 본 적이 없다.

니트 사례는 웃지 못할 희극적 정책 사례이다. 아직도 우리는 대입과 연계하여 정책을 바꾸려는 시도를 목격한다. 2017학년도 대입 수능 한국사 필수지정에 따른 대입 반영은 역사교육 강화방안의 결과이고, 수능시험에 IT 과목을 포함하고 초중고 컴퓨터 교육 의무화를 운운하는 것도 역시 마찬가지이다. 무엇보다 이해할 수 없는 것은 수능에 응시하는 모든 학생이 '한국사'는 반드시 응시해야 한다는 규정이다. 오후에 진행되는 한국사 한 과목만 치르는 학생도 아침부터 고사장에 들어가야 했다. 국가권력을 동원한 탄압이다. 교육이 바로 서기 위해서라도 이런 억지부터 바로 잡아야 한다. 대입으로 아이들을 쥐어짜는 행위에 지나지 않는다.

한때 초등학교 아이들이 논술학원을 열심히 다녔다. 이유는 단하나. 나중에 대학에 들어갈 때 논술 시험을 보기 때문이다. 골목마다 논술학원이 생겼고, 아이들은 너나 할 것 없이 논술학원에 이름을 얹어야 했다. 그런데 지금은 참 찾아보기 힘들다. 그나마 수도권 주요 대학이 논술 전형을 시행하고 있어 논술은 명맥을 유지하고 있으나, 골목으로 들어간 논술학원은 자기주도학습실이나 학교생활기록부종합전형관리실로 재탄생되었다.

이 나라 대입의 변화는 그대로 학원의 변천사이다. 아니, 학원 이름의 변천사이다. 학원을 근본적으로 없애지 못한다. 다만 학원 이름만 바꿔 달게 할 뿐이다. 학원은 대입정책과의 필사적인 싸움에서 끈덕진 생존 기술을 발휘하고 있다. 대입에 대한 끊임없는 수요 덕분이다.

대입은 초중등 교육과정에도 강한 영향을 미쳤다. 2015 교육과정이 발표되었다. 2015 교육과정은 '경계를 허무는 교육', '창의융합형 인재상'을 추구한다. 학교의 변화는 더디다. 특히 고등학교는 더욱 더디다. 분명 대학입시의 경향도 바뀌고 있고, 사회에서 요구하는 인재상도 달라지고 있지만, 학교는 애써 외면하고 있다. 반면에 대입이 바뀌면 학교 현장은 재빠르게 변했다. 이러니 정책 입안자들이 대입의 영향력을 무시할 수 없는 것이다.

최상덕은 '우리나라의 대학입시 경쟁은 학교 교육의 정상화를 가로막아 온 주범이라 할 수 있다. 특히 학교 교육이 개개인의 핵심역량 증진에 기여하기보다는 대학입시에서의 성공 가능성을 높이는 데 치중해 온 것을 부인할 수 없다. 사교육 시장의 번창과 과도한 사교육비 지출 역시 우리나라의 왜곡된 교육체계의 현주소를 여실히 보여준다'[11]고 했다. 틀린 말이 아니다. 국가정책마저 수능으로

---

11 최상덕 외, 미래 인재 양성을 위한 핵심역량 교육 및 혁신적 학습생태계 구축(1), 한국교육개발원 2013, 3쪽.

변화를 꿈꾸는 나라이다.

그럴 수도 있다. 그러나 문제는 우리나라의 대입은 기본적으로 점수 경쟁이다. 1점으로 등급이 바뀐다. 그러니 어른들의 얄팍한 꾀에 아이들은 이래저래 죽어난다. 대입에 종속된 우리나라의 초·중등교육의 생태를 너무나도 잘 이용한다.

희망교육이 이 땅에 퍼져나가야 한다

이제는 뛰어넘을 때가 되었다. 세월호 참사 이후 '잊지 않겠습니다. 가만히 있지 않겠습니다'를 외치던 국민들이 서서히 교육을 바꾸고 있다. 영원히 꺼지지 않고 더욱더 번지고 있다.

교육은 '온고이지신(溫故而知新)'이다. 혹자는 앞의 '故' 때문에 과거가 중요하다고 한다. 물론 과거도 중요하다. 그러나 '故'는 '지신(知新)', 즉 새로움을 알기 위한 밑거름이다. 다시 말해, 교육은 애당초 미래지향적이다.

그렇다. 교육은 미래의 아이들을 성장하도록 돕는 일이다. 그동안 많은 이가 교육을 '훈련'이나 '세뇌'의 동의어로 착각했다. 아이들의 머리를 열고 이것저것 온갖 잡동사니를 넣은 다음 거기서 나온 결과로 아이를 평가했다. 초·중·고의 교육과정을 거쳐 그동안 아이들이 어떻게 성장했는가를 보기보다는 점수에 따라 평가했다. 이에 따라 각급 학교는 이른바 '명문'이라는 타이틀이 붙은 상위 학교로 아이들을 보내는 것을 지상과제로 생각했다. 결국 아이들은 입시의 노예가 되어 어른들이 시키는 대로 가만히 있을 수밖에 없었다.

세월호 이후 단원고의 한 생존 학생은 이런 말을 했다.

"저의 고정관념이 깨졌어요. 세월호가 뒤집히는 순간 아이들과 선생님은 모두 선실로 들어갔어요. 그때 일반인들은 모두 선실 밖으로 나갔고요."

배에서 선실 안에서 가만히 있으라는 방송이 나오자 어른들은 오히려 밖으로 나갔고, 나간 사람들은 모두 살았다고 했다.

우리의 교육이 아이들에게 끊임없이 가만히 있기를 요구했다. 아이들은 꼼짝없이 선실에 갇혔다. 그러나 아무도 이 아이들을 구조하지 못했다.

아이마다 꿈이 다르다

교육은 '희망'이어야 한다. 이 땅에 퍼져갈 희망교육은 이런 모습을 담으면 좋겠다.

첫째, 생명 존중 교육이다.

지나친 경쟁에 따라 '나'를 중심으로 바라보던 세계관이 결국 세월호 참사를 불렀다. 기성세대들이 나만 살자고 배를 버릴 때도 우리 아이들은 서로를 챙기고 살폈다. 이는 중요한 메시지다. 서로 사랑하고 아끼는 마음이 있었던 것이다. 생명 존중 교육은 생명의 존엄을 깨닫는 것이고, 이는 자존감과 함께 배려를 배우게 된다. 이는 주입 교육으로 배울 수 없다. 머리로 외우는 공부가 아니라, 가슴으로 느끼는 공부여야 한다. 측은하게 여기는 본성이 발현될 때 가능하다. 혁신교육은 본성이 아름답게 발현될 수 있도록 하는 교육 시스템이다.

둘째, 과정 중심 교육이다.

어느 야구 해설가가 이런 말을 했다. '직구는 점이고, 변화구는 선으로 보아야 타격을 할 수 있다.' 비유가 적절할지 모르겠지만, 이를 변용하면 '결과는 점이고, 과정은 선'이다. 즉, 아이들의 결과만 가지고 평가한다면 성장 과정에 영향을 준 수많은 일이 아무런 의미가 없게 된다. 과정을 보아야 수많은 일이 하나의 스토리로 엮어져 아이가 어떻게 성장하게 하고 있는지를 판단할 수 있다.

고교에서 막판에 부딪히는 문제 중 하나는 대입이다. 물론 대입은 현실이다. 하지만 분명한 사실이 하나 있다. 아이들 개인을 중심에 놓고 교육과정을 운영하면서 아이들 성장을 위해 애쓰는 학교는 대입이라는 과정도 무난히 뛰어넘는다. 아이들이 뛰어넘는 대입이라는 허들은 모든 아이에게 일정하지 않다. 그런데 어른들은 허들을 똑같이 만들어놓고는 뛰어넘으라고 한다. 왜 그래야 하는가? 정작 어른들도 서로 다른 인생이라는 허들을 훌륭하게 넘어간다. 왜 아이들은 똑같은 허들을 넘어야 하는가?

셋째, 학교의 민주화이다.

혁신학교에서도 소통 부재 문제는 많이 노출되었다. 단기간을 놓고 보면 강력한 리더십이 있는 학교가 더 성공한 것처럼 보인다. 그러나 소통을 바탕으로 한 민주적 리더십의 학교는 지속적이다. 끊임없이 성장한다. 구성원들도 신난다.

희망교육은 그동안 철옹성처럼 버티던 학교 내 소통 부재를 허물기 위한 고통스러운 작업을 시작하게 될 것이다. 학교라는 공간의 기본적인 구도는 '교사-학생'이다. 가르치고 배우는 일이 상호작용을 하는 공간이다. 그런데 이 학교가 거대한 집단이 되고 나서는 온갖 계급(?)이 생겨나게 되었다. 특히 교사 집단은 평교사-부장교사-교감-교장이라는 구도가 생겼고, 결정에 관여하는 역할에 따라 권력이 생겼다. 이 권력은 교사들의 기본적인 역할인 '교수·학습활동'마저 소외하게 만들어 교사들을 교육과정, 평가 등에서 배제했다. 학생들의 위치는 더욱 왜소하다. 오직 학교에서 만들어놓은 교육과정에 의해 수동적으로 배울 뿐이다. 아이마다 꿈이 다른데도 발언할 기회조차 없다.

그동안 우리는 아무런 반성도 없이 경쟁교육만 해왔다. 앞으로 우리가 함께해야 할 일은 분명하다. 하늘이 준 기회이다. 이 기회를 날려버리면 더 큰 고통을 우리 아이들에게 물려주게 될 것이다.

이제 교사와 아이들이 함께 고민하며 교육과정을 재구성할 것이다. 교실에는 활기가 넘칠 것이다. 아이들은 적극적으로 토론을 이끌어 갈 것이며 '아무도 가만히 있지 않을 것이다.' 이것을 저들은 두려워한다.

단원고 회복지원단으로 근무하다가 다시 교육청으로 복귀하는 날, 당시 단원고 3학년 부장이였던 김학미 선생님이 했던 말이 너무나 아팠다.

"그동안 무엇을 하려고 하면 이런 근거, 저런 근거를 대라고 했어요. 세월호 참사 초기에 구조니 구난이니 따지던 것과 뭐가 다른지요. 단원고가 세월호예요. 숱한 생명이 살려달라고 안타깝게 외치는데도 절차를 따지고 있어요."

맞다. 진정 교육을 살리는 길은 구조니 구난이니 따지는 게 아니라 생명을 먼저 살리는 일이다. 그것이 대입에 종속된 학교 교육을 정상으로 되돌리는 일이다.

세월호와 메르스

사무실의 모든 전화가 쉴 새 없이 울린다. '휴교에 들어간다'는 학교 수가 계속 늘어간다. 교육청 게시판에는 '휴교를 명령하라'는 민원이 무서운 속도로 올라온다. 불안에 떨면서 우왕좌왕하지만, 정작 당국은 여유롭다. '낙타와의 밀접한 접촉을 피하세요', '멸균되지 않은 낙타유 또는 익히지 않은 낙타고기 섭취를 피하세요'라는 지침으로 이 어수선한 와중에도 중동에서는 낙타유를 마시거나 낙타고기를 먹는다는 사실을 일깨워준 계산된 유머(?) 감각은 가히

압권이다.

메르스(MERS, 중동호흡기증후군)라는 낯선 이름의 질환이 언론에 나오기 시작한 것은 2015년 5월 20일 이후였다. 그때만 해도 정부는 '메르스가 지역사회로 전파될 가능성은 낮고, 격리병원에서 완벽하게 노력하고 있어 전염 가능성도 낮다'며 축소하기에 급급했다. 그 사이 최초 감염자와 같은 병동이나 병실에 있던 사람들 사이에 급속도로 퍼져나갔고 급기야 사망자까지 발생하기에 이르렀다. 방역체계는 구멍이 났고 당국의 무능은 여전했다. 국민의 불안은 급속도로 커졌다.

어디선가 한번 본 느낌이었다. 2014년 4월 16일. 그때도 우리는 비슷한 일을 겪었다. '가만히 있으라'는 방송이 반복되고 귀한 골든타임을 그대로 보내고 말았던 끔찍한 기억. 국가의 지도자는 어디서 무엇 하다가 7시간이나 지난 후에 나타나 '아이들이 구명조끼를 입었다는데 구조를 하지 못했느냐'고 엉뚱한 소리를 했던 바로 '그날' 말이다. 침몰의 순간이 TV로 생중계되는 속에서도 정작 아무것도 할 수 없다는 무기력감에 온 나라가 죄책감에 시달렸던 그 상처는 여전히 남아있다.

다중이 모이는 행사가 취소되고 첫 번째 사망자가 치료받았던 병원 소재지 인근 학교는 빗발치는 학부모들의 요구에 휴교에 들어갔다. 지역사회는 '멘붕'의 모습을 보이고 있다. 이렇게 요동치는데 보건전문가는 보이지 않는다. 학교는 휴교했지만, 아이들은 여전히 그 지역사회 틀 안에 있지 않은가. 뿐만 아니라 지역민들에게 자세하게 안내해야 할 보건전문가는 보이지 않으니 더욱 불안한 것은 아닐까.

어느 어머니가 이메일을 보내오셨다. 오랫동안 '입시소식'이라는 내용의 메일을 정기적으로 보내다 보니 얼굴은 모르지만, 이렇게 속마음을 고스란히 내놓는 분도 제법 많다.

'연이어 고3 엄마를 겪고 나니 심신이 많이 지쳤습니다. 아이들이 대학에 들어가기까지 책다운 책도 못 읽고 그저 교육 관련 책과 입시정보지, 신문의 교육면, 입시생의 먹거리 등… 더불어 아이들의 운전기사까지.

정말이지 다시는 하고 싶지 않은 입시생 엄마 경험이었습니다.

요즘은 신문이 오면 교육면은 빼서 버립니다. 갑자기 머리가 아파서요.

이제 입시 정보 얻으러 새벽에 강남 갈 일도 없고, 읽고 싶었던 책 마음껏 읽고, 저를 오라 가라 하는 아이들도 더 이상 없어서 지친 심신이 좀 나아지는 중입니다.'

멍하게 바라보다가 답장을 썼다.

"고생하셨습니다. 충분히 즐기십시오. 자격이 넘치십니다."

그러나 마음은 답답했다. 이 엄마에게 아이 뒷바라지하던 시간은 무엇이었을까?

다른 학부모들에게 이 이야기를 들려주면 한숨과 함께 부러움의 눈길을 보낸다. 말로만 듣던 고3 엄마의 힘듦과 과제를 끝냈을 때의 후련함이 동시에 교차한다. 우리 엄마들은 이렇게 소리치고 싶지 않을까?

"아들아, 딸들아, 이제 그만 나오렴."

수천 개의 게시물을 올려서라도 우리 아이들이 이 고통에서 헤어날 수 있다면, 그 전에 내가 살 수 있다면 그렇게 하고 싶을 것이다.

세월호 참사로 온통 슬픔에 빠진 안산 단원고 회복지원단 근무를 하기 위해 출근하는 내 등 뒤에서 아들은 인사했다. "잘 다녀올게." 아내는 벌써 눈물이 그렁그렁했다. 아들과 가벼운 악수를 했다. '씩' 웃는 아들 녀석 웃음에 입대하는 모습을 보지 못한다는 미안함을 덜었다.

그 후 매일 학생들이나 교사들의 영정이 들어오고, 유족들 통곡 소리가 높은 그곳에서 바삐 일을 하다 보니 시간이 어떻게 흘렀는지 알 수 없었다. 그러다가 휴가 나온 녀석을 만났을 때 아들은 건장했다. 하지만 재미는 없다고 했다. 아내는 또 눈물이 그렁그렁했다. 그런데 참 묘했다. 아들과 나 사이에 묘한 끈이 연결되어 있다는 느낌이 든 것이 그때였다. 순간, 아들이 아주 어렸을 때 잠깐 동안 잃어버렸던 생각이 났다.

사촌 형을 따라 놀러 간 아들이 그만 형을 놓치고 말았다. 그런데

형은 그냥 집으로 돌아왔다. 날은 어두워지는데 눈앞에 보이는 게 없었다. 이미 아내는 저만치 뛰어나가며 아들 이름을 불렀다. 이모도 여기저기 찾아 헤매고 난리였다. 이모가 미안하다고 하는데도 화가 머리끝까지 났다. 짧은 순간이었지만, 그 사촌 형이 그렇게 미울 수가 없었다. 가까스로 어둠 속에서 아들을 만났다. 지쳐 잠자고 있었다.

"어디로 가야 할지 몰라서 그냥 의자에 앉아 있었어. 그게 좋겠다 싶었어."

어른처럼 덤덤하게 말하는 아들이 참 대견했다.

자라면서 아들은 아빠가 무섭다고 했다. 너무 무서워 자기 생각을 제대로 말하지 못한다고 했다. 어른들 앞에 서면 당황하기 일쑤인 나를 어쩜 그리 닮았을까. 그러던 어느 날, 기타를 배우겠다는 아들을 모질게 야단쳤다. 아들은 엉엉 울면서도 기타를 꼭 배우고 싶다고, 지금까지 아빠가 하라는 대로 했지만, 이것만큼은 정말 자기가 하고 싶은 대로 하고 싶다고 했다. 그 말을 들으며 이젠 아들을 놓아줄 때가 되었다는 사실을 느꼈다. 어느 날, 아들 방에서 울리던 신중현의 '미인'의 기타 선율. 몰래 들으며 웃었다.

놓아주니 비로소 커다란 모습으로 아들은 내 가슴에 들어왔다.

그래도 불안한 소식이 들려오면 아내는 여전히 사색이 되고 내 마음도 쿵쾅거린다. 온갖 불길한 예감을 애써 떨치며 아들이 전화하기만 기다린다. 우리에게 불안은 일상이 되었다.

사회에 불안이 높다. 부모들은 불안하지만 어른들은 그렇지 않은가 보다. 분명 그들은 누군가의 부모일텐데.

메르스가 확산되자, 아이들이 모이는 공공시설물에도 학생들이 이용하지 않도록 당분간 쉬는 게 어떻겠냐고 연락했다. 너무 예민한 것 아닌가라는 대답이 돌아왔다. 주말에 대형 행사를 계획하는 곳에 전화를 넣었다. 취소가 되지 않는다고 했다. 천재지변에 준하는 사태라야 가능하단다. 더 이상 무엇이 천재지변인지 알 수가 없다. 한참을 전화하다 보니 답답하기만 하다. 집 근처 야구장에서는 신나게 응원 소리가 들린다. 계속되는 혼란의 연속이다. 이런 날에는 사람 많은 곳을 피해야 하는 것 아닌가? 이 사회가 그렇게 참혹한 일을 겪은 곳이 맞는가? 그 아까운 시간 동안 유기적인 대응체제 하나 만들지도 못했다. 세월호 유족들이 안전한 나라를 만들자고 목소리를 높여도 귀 기울이지 못하고 있다가 또 이런 참혹한 일을 당하고 있다.

고작 대책이라는 게 '2015 개정 교육과정'에 안전 교과 또는 안전 단원의 신설이 추진되고 안전 교육이 대폭 강화된다는 내용이었다. 언뜻 대학수학능력시험에 안전 과목이 신설될 가능성도 점쳐진다는 보도도 보았다. 아마도 이 계획이 국무총리실과 안전처를 중심으로 교육부를 포함한 17개 부처가 참여한 마스터플랜으로 2019년까지 30조 원이 투입되는 국가 안전 종합대책이었다지. 한국사 논란이 일어나니 한국사가 수능에 자리 잡고, 소프트웨어 얘기가 나오니 소프트웨어 관련 과목을 만든다고 한 것과 무슨 차이가 있는 가. 학교 다닐 때부터 시험 성적이 우수했던 인재들이 모이다 보니 문제 해결 방법이 모두 시험으로 연결되고 대입으로 매듭지어진다.

세월호 참사가 일어나고도 우리 사회는 끔찍한 사고를 많이 겪었다. 여전히 국가의 안전시스템은 계획 중이고 학교에서도 안전은 그저 시늉에만 그치는 교육훈련이 전부다. 여전히 119대원들의 대우는 열악하다. 학교와 지역사회의 안전을 맡고 있는 기관들의 유기적 연결은 원활하지 않은 편이다. 공적 안전시스템이 열악하니 갈수록 내 가족만 더 챙기게 된다.

그러나 내 아이를 품에 안았다고 안전한 것은 아니다. 우리 사회가 안전한 나라가 되어야 한다. 더 이상 참지 않겠다고 했다. 지켜보고만 있지 않겠다고 했다. 이제 우리는 정부를 향해 외쳐야 한다. 사회를 향해 목소리를 높여야 한다. '사람이 살 수 있는 안전한 나라를 만들자'라고.

죽은피는 뽑아내야 한다

어렸을 때 손목을 삔 삼촌을 따라 '침쟁이 아줌마' 집에 갔다. 그때만 해도 동네마다 웬만하면 침놓고 민간의술 정도 가볍게 하던 사람이 하나씩은 있었다. 병원이야 큰 도시로 나가야 했으니 삼촌이 그 집에 간 것은 당연했다. 툭툭 몇 번 침을 놓더니 시커먼 피를 뽑아냈다. 그 '아줌마'는 죽은피라고 했다. 정말 피는 기분 나쁘게 시커먼 색깔이었다. 조금 있더니 '아줌마'는 굵은 소금을 한 주먹 쥐고 오셨다. 곧이어 삼촌의 입에서 비명이 터져 나왔다. 나도 모르게 온몸이 움찔했다. 침을 놓은 자리에 굵은 소금을 마구 문지르고 있었다. 삼촌의 이마 위로 굵은 땀방울이 송골송골 맺혔다.

"죽은피 뽑아낸 자리 그냥 두면 더 나쁜 균이 들어가는 법이여. 이 왕소금으로 싹싹 씻어내야 해."

삼촌의 비명은 더욱 커졌고, 나는 죽어도 침을 맞지 않을 거라고 다짐했다. 며칠 만에 만난 삼촌은 손목이 멀쩡했다. 다시 운동을 시작하더니 지역 대표 선수로 큰 대회에 나갔다.

수능문항 출제 오류가 생기자 수능개선위원회를 발족하고 대대적으로 수능문항 출제 오류 개선 및 난이도 안정화 방안을 마련하며 야단법석이었다. 그래도 여전히 수능에서 문항 오류는 계속 되었다. '촛불'에 묻혀 잠잠하게 넘어가는 것 같았지만, 분명 피해를 입은 아이들은 있다. 그래도 어느 누구 하나 미안하다고, 잘못했다고 말하는 어른은 없다.

그 '침쟁이 아줌마'가 이 이야기를 들었다면 무어라 했을까? "아, 죽은피는 그대로 몸에 두는 게 아녀. 다 뽑아내야 혀. 그리고 범접하지 못하도록 굵은 소금으로 문질러야 혀!" 욕설이 절반이나 들어간 말투에 몸이 움찔거리지만, 생각은 통쾌하다. 지금 우리나라의 수능제도나 대입제도는 바로 죽은피로 보인다. 싹 뽑아내야 할 시점이다.

수험생들과 학부모를 대상으로 대입 정시 지원을 위한 1:1 상담 박람회를 열었다. 여기에 참석한 학부모들의 표정은 그 어느 해보다 더 날이 서 있었다. 느긋함이 사라지고 대단위 전투를 앞둔 전사들의 모습이었다. 약간이라도 뒤로 처지는 것을 그냥 보고 있지 않았다. 임계점에 다다랐다. 금방이라도 터질 것 같았다. 누군가 건들면 이내 독이 든 촉수를 드러냈다.

"얘는 3시간이나 차를 타고 왔다고 하네요. 그런데 아직도 상담을 못 했어….'

진행을 맡은 선생님 한 분이 너무나 안타까운 목소리로 한 아이를 데리고 오셨다. 본부석의 시선이 일제히 그 아이에게로 쏠렸다. 이미 행사는 막바지로 치닫고 있었다. 아침부터 몰려든 학부모와 수험생의 표정이 시간이 갈수록 절박했다. 이젠 예비번호까지 바닥이 났다. 상담하시는 선생님들께 더 양해를 구하기도 미안했다. 그러던 참에 진행 선생님이 한 여학생을 데려오니 교사들이나 학부모들의 시선이 곱지 않을 터였다. 그것도 타 시도에서 달려온 학생이었다. 혼자 3시간을 달려왔단다. 갑자기 울컥한다. 속상하다. 오죽 답답하면 이렇게라도 했을까.

"정보는 없고요. 모두들 시험은 쉽다는데 저만 못 본 것 같아 불안했어요." 우선 상담 선생님들께 양해를 구했다. 몇 시간째 이어진 상담에 이미 녹초가 되었지만, 기꺼이 곁을 내어준다.

얼마 전까지만 해도 대학 입학처에 계시다가 지금은 자리를 옮기신 선생님이 행사장으로 들어오신다. 너무나 반가워 손을 덥석 잡았다.

"올해 입시는 그야말로 로또네요."

그분은 이야기를 나누는 내내 목소리를 높였다. 아무래도 오늘 교육부는 꿈자리가 사나웠을 게다. 무엇보다도 현장의 혼란을 불러일으킨 부분에 대해 사과 한마디 없는 교육부의 태도를 질타하신다. 근본적인 치유보다는 언 발에 오줌 누는 격으로 해결하려고 하는 태도에 대한 돌직구가 속 시원했다.

"수능개선위원회인가 뭔가 만들었잖아요."

이참에 전국적인 여론을 들어볼 생각은 왜 못하냐며 목소리를 높인다. 최근 들어 여기저기에서 수능에 대해 말이 많아지기 시작했다. 개선위원회를 만들고 교육에 관심 있는 이들은 모두 한 마디씩 거든다. 국회에서도 의견을 수렴하고 있으며 뜻있는 시민단체들도 나섰다. 언론은 보수든 진보든 가릴 것 없이 일제히 포문을 열었다. 수능이라는 공공의 적(?)을 향해 모처럼 보수, 진보가 합심하여 공격해대는 모습이 장관이다. 그런데도 미덥지 않다. 원래 외곬수인 성격으로 사물을 비꼬아 보는 탓도 있지만, 그냥 덮고만 가기에는 우리 아이들의 미래가 너무 걱정스럽다.

안 그래도 3년 예고제 때문에 2014년은 고3부터 고1에 이르기까지 대입제도 변화를 한 번에 맛보아야 했다. 이제 좀 잠잠해지려니 했더니만 또다시 무언가 변화를 만든단다. 이제는 놀랍지도 않다. 으레 그러려니 한다. 아이들은 시험이니까 치르고, 나오는 점수이니 그걸 보고 대학에 지원한다. 아무 생각 없다. 꿈이니 적성이니 하는 것은 모두 교육부 계획서에나 있다. 다 소용없다. 일단 합격해야겠다는 생각이 강하다. 아니, 이제는 이런 생각조차 사치이다. 그저 칼날 위를 기는 달팽이처럼 상처 없이 지나기를 바랄 뿐이다. 무기력하다. 이 무기력이 무섭다. 어떻게 나타날지 모를 이 성향이 우리들의 젊은 영혼이라는 점이 그러하다.

하지만 지금이 또 하늘이 우리에게 주는 기회일 수 있다. 학령인구도 줄어들고, 미래인재상도 바뀌는 지금이 우리에게는 전환점이다. 대입제도 개선을 교육 패러다임 전환의 계기로 삼아야 한다. 숨 끊어지기 전 마지막 기회일 수 있다. 젊음이 역동적인 젊음일 수 있게 할 절호의 기회이다.

기본적인 방향으로 고교 수업과 교내활동에 충실한 학생들이 좋은 평가를 받을 수 있도록 평가시스템을 고민하자. 학생참여형 수업으로 진행이 되고, 이 수업에 대한 반응이 아이들의 성장 과정으로 나타나고, 교사는 이를 학교생활기록부에 객관적으로 담아내자. 교내활동은 지·덕·체가 조화를 이룬 활동이 되도록 프로그램을 짜고, 이를 아이들이 신나게 하게 하자. 이 또한 학교생활기록부에 세밀하게 기록해야 한다. 이 기록만 보더라도 아이가 어떻게 성장했는지 알 수 있도록 만들어야 한다. 대학은 이를 통해 학생을 선발하고 선발된 학생들을 자체 교육역량을 발휘하여 미래인재로 성장하게 해야 한다.

그러면 수능은 어떤 역할을 해야 할까? 일단 수명이 다한 것은 틀림없다. 그동안 수능은 줄 세우기의 선도 역할을 했다. 이제는 그만하자. 모든 아이를 1등에서 꼴찌까지 한 줄로 세우고 우리는 무엇을 원했던 것인가? 선발하는 입장에서만 유용한 이 시스템을 그대로 계속 가져갈 것인가?

전국 아이들을 한 줄 세우기 위한 시험은 의미 없다. 왜 우리는 모든 아이를 똑같은 기준에 따라 한 줄로 세워야 하고, 대학도 한 줄로 세우고, 그도 모자라 기업조차도 한 줄로 세우는가?

우리 학생들이 올바르게 성장할 수 있도록 함께 고민하고 이를 꼼꼼하게 기록할 수 있도록 해야 한다. 학교는 다양한 수업과 교내 활동을 할 수 있도록 장(場)을 열고, 이를 통해 학생 개개인이 성장할 수 있도록 도와주어야 한다. 그리고 이를 학교생활기록부에 세밀하게 기록해야 한다. 즉, 학교생활기록부는 학생 개개인의 성장 이력서가 되어야 한다. 대학은 학생들의 성장 과정을 평가할 방안을 더욱 고민해야 한다.

우리는 국가가 관리하는 평가시스템에 익숙해져 있다. 학생들이 처한 환경이 다를진대 일제식 평가는 그리 공정하지 못하다. 개인의 교육 환경을 고려하여 다양한 기회를 제공할 수 있도록 지혜를 모아야 한다. 제일 앞에 선 한 아이를 위해 수많은 패배자를 만들어서는 안 된다. 점수에 따라 자신의 삶을 정하는, 아니 정해지는 이런 일에 엄청난 에너지를 쏟아붓는 어리석음은 이제 그만 둘 때이다.

3부

줄 세우지 않는 교육에서
희망을 찾다

9장

스펙이 아니라 스토리다

 2015년 1월, 잡 크래프터(Job Crafter)인 김홍태 대표, 인사업무를 담당하시는 주기철 상무, '일반고, 수시에서 약진하다'를 쓴 미즈내일의 정애선 기자와 함께 토크콘서트를 했다. '줄 세우지 않는 교육에서 희망을 찾다!'라는 주제를 내걸고 모두가 머리를 맞대고 올해 진로진학 계획을 세웠다.

 이 자리에서 우리는 우리가 하는 일에 스스로 의미를 부여하며 즐겁게 지원하는 방법을 찾고자 의기투합했다. 이제는 스펙보다는 가치가 더 중요하다는 데 의견을 모았다. 지금, 내가 하는 활동을 '왜' 하는가가 더 중요하다는 것이었다.[13] 개별적으로 본다면 다양하다는 말은 남과 다르다는 의미가 되고, 이는 곧 그 사람이 지닌

'가치(철학)'에서 나온다는 사실을 나누었다.

당연한 말이지만, 학교 교육에서 가장 기본적인 가치는 바로 '인재상'이다. 학교마다 인재상이 있다. 인재상은 학교 구성원 전체가 함께 고민하면서 논의해야 한다. 그러면 인재상이란 무엇인가? 학생이 성장할 모습이다. 교사의 수업으로 본다면, 내 수업 시간에 들어온 우리 아이들이 이런 아이로 성장하면 좋겠다는 중심 생각이 바로 그것이다.

인재상은 학교 구성원들이 함께 모여서 고민하여 세운다. 이 과정에서 교육내용을 창의적으로 개선하고 학교 문화는 민주적으로 바뀌고 집단지성이 발현된다. 이런 역량이 모여 학교교육과정을 만들어야 한다. 학교교육과정을 교육과정부장 한 사람의 몫으로만 남겨놓을 수 없다. 단순히 국어 몇 시간하고, 영어 몇 시간 하는 차원이 아니다. 그 속에는 '성장'이 중심이 되어야 한다. 이런 교육과정에 따라 학교를 운영하면 대학의 선발기준과 저절로 연결이 된다.

창의적 인재는 관찰, 공감, 협업, 걸러내는 능력 그리고 통찰력이 있어야 한다. 관찰을 통해 패턴을 인식하고 이로써 흐름을 알아 어떤 일을 사업화할 수 있다. 관찰 능력이 없으면 많은 자본으로 사업

---

12 사이먼 시넥의 '골든서클'과 삼성경제연구소 임명기 연구원이 정리한 'Job Crafting'이 단연 화제가 된 모임이었다. 동기부여된 이들이 신념으로 커뮤니케이션하는 시대를 향한 진로진학의 첫걸음이 바로 '줄 세우지 않는 교육'이었다. 이를 위해 토크콘서트가 진행되었고 이 자리에서 백분위 점수가 낮을수록 그 자리를 교사들이 채워야 한다는, 즉, 교사의 도움이 필요하다는 사실을 함께 나누었다.

을 해도 망하기 십상이다. 또 하나, 걸러내는 능력을 키워야 한다. 우리는 아직도 아이들에게 기억력만 자꾸 요구한다. 그러나 아이들 손에 손마다 스마트폰이 있어 검색을 쉽게 할 수 있다. 우리 기억력은 인터넷의 방대한 자료를 따라갈 수 없다. 이제는 검색한 수많은 정보 중 유용한 정보와 그렇지 않은 정보를 가릴 수 있어야 하니 걸러내는 능력이 꼭 필요하다.

이런 능력을 아이들이 체득할 수 있게 하려면 분명 수업을 바꾸어야 한다. 수업이 바뀌면 당연히 평가방식도 바뀌어야 한다.

우리가 생각해야 할 수업 형태는 무엇인가? 토론 수업, 발표 수업 이런 형태가 될 수밖에 없다. 그런데 이런 수업을 이미 하고 있다. 학생참여형 수업이 그것이다. 다만 지금까지 우리는 '무엇(what)'만 강조했다. 이제 한 걸음 더 나아가자. '어떻게(how)', '왜(why)'로…. 이 질문으로 아이들이 방법을 찾게 하자. '어떻게?' '어떻게 할래?' 또는 '왜?' '왜 할 거니?'라고 질문을 던지면 아이들의 사고는 더 넓은 세상으로 향하게 된다.

지금까지 성장이라는 단어를 많이 썼다. 성장은 무엇일까? 그건 우리 아이들의 사회적 감성을 키워주는 것이다. 결국 이러한 사회적 감성으로 책임감 있는 의사결정을 하게 도와주는 것이다. 다시 말해 진정한 의미로 어른이 되도록 돕는 것이다.

내 아이의 인성은 몇 점?

다음 질문에 답해 보자.

1. 나는 나를 자랑스럽게 생각한다.
2. 오늘 해야 할 일을 다음으로 미루지 않는다.
3. 나는 친구들의 고민을 잘 해결해 준다.
4. 협력활동을 할 때, 내 역할에 최선을 다한다.
5. 나는 부모님께 감사한 마음을 갖고 있다.
6. 짜증이 나더라도 내 감정을 잘 조절할 수 있다.
7. 나 때문에 문제가 발생했을 때는 내 잘못이라고 솔직히 말한다.

한국교육개발원이 만든 인성평가 자가진단서 총 70여 문항 중 일부다. 물론 인성이 중요하다는 사실은 인정한다. 다른 사람과 더불어 살기 위해서 배려하고 존중할 줄 알아야 한다. 점점 각박한 사회가 되다 보니 정부마저 인성교육을 강조하고 나섰다. 당연히 대학에서는 입시에 도입하기로 하고 인성평가를 시도했다. 그러나 인성교육은 이렇게 되는 것이 아니다.

인성은 학교에서만 담당할 과목이 아니다. 지식으로 배운들 행동으로 쉽게 나오지 않는다. 어느 한 종교에서 강조하는 덕목만이 인성일 리 없고, 착하다 나쁘다는 말로 규정할 수도 없다. 그러기에 선인들도 성선설이니, 성악설이니 의견이 분분했던 것이 아닌가. 이러한 인성을 누가 무엇으로 규정하여 대입에 반영하고, 취업시험에 도입한다는 말일까? 솔직하게 해당 사회에 적응하는 사람들에게 필요한 특성이라고 하는 것이 좋지 않을까? 그런 면에서 본다면 애당초 '인재상'이라는 말이 더 솔직했다. 모 대기업의 인사담당자는 인재상이 시사하는 것은 '기업의 문화와 핵심가치를 얼마나 이해하는가'라고 했다. 대학마다, 회사마다 필요한 인재상은 있기 마련이다.

인성교육이 문제 있다는 말이 아니다. 도입 방식의 잘못을 지적하고자 함이다. 사람이 다른 사람과 더불어 살아가면서 기본적으로 가져야 할 마음, 그것이 인성이 아니겠는가. 그렇다면 부끄러울 때 부끄러워할 줄 알아야 하고, 미안할 때 미안해하며, 고마울 때 감사할 줄 알며, 힘을 합할 때는 협력할 줄 알아야 하는 것이 기본적인 덕목이다. 이를 학교에서, 그것도 대입이라는 도구로 풀려고 하는 발상이 아쉬운 것이다. 물어보자. 앞집 아이는 60점짜리, 뒷집 아이는 70점짜리 인성을 지닌 아이들인가. 내 집 아이가 귀한 존재이듯 모두 그렇게 귀한 생명이다.

요즘 들어 사라진 말이 있다. '윗물이 맑아야 아랫물도 맑다'라는 속담이 잘 보이지 않는다. 잘못이 큰 사람이 힘 있는 자리에 가서 오히려 큰소리치는 모습을 보면서 자란 우리 아이들이 억지로 인성을 익힌들 무슨 소용이 있을까? 아니 지금껏 학교에서 아이들을 온통 경쟁의 악다구니 속에 몰아넣어 승리를 위해 수단과 방법을 가리지 않도록 하다가 이제는 인성마저도 경쟁 교육으로 익히게 할 생각이다. 과연 이 발상이 교육적인가? 지금 우리 아이들의 24시간은 대입과 연관되어 있다.

어른들이여. 이제 제발 그만 좀 하자. 인성은 점수로 매기는 것이 아니다. 저절로 배어 나온다. 어디서 익힐까? 바로 어른들이 하는 행동을 보고 아이들은 배우게 된다. 아이들에게만 자꾸 미루지 말자. 아이들의 짐이 어디에서 비롯되었을까? 바로 어른들의 잘못에서 시작되었다. 어른들부터 통렬한 자기반성을 하고 아이들을 바라보아야 한다. 내 아이뿐만 아니라 이 땅의 모든 아이에게 진정한 마음으로 다가가야 한다.

대학보다
삶의 목표가 먼저이다

"사람들은 '과학기술'을 떠올리면 과학을 기술의 응용수단으로만 바라봅니다. 하지만 제가 깨달은 과학은 수단이 아니라 철학이었으며 우리의 논리적 사고를 키워주는 학문이었습니다."

과학영재고를 졸업하고 서울대 수시모집에서 우선선발로 합격한 권 모 군은 이렇게 말했다. 과목으로서 과학을 바라보기에도 벅찬 10대 고교생이 한 말이라기에는 생각이 깊다. 권 군의 이러한 생각은 결코 즉흥적인 것이 아니었다. 권 군은 중학생들에게 직접 과학을 가르쳤다. 멘토 활동 외에도 1학년부터 2학년까지 음악 봉사 동아리 '돌체' 활동을 하면서 자신의 음악적 재능을 환자들을 위해 사용했다.

연세대는 '창의인재전형'을 대폭 축소했다. 2011년 내신이 8등급이었던 차 모 군이 연세대 시스템생물학과에 합격한 것은 어릴 때부터 곤충 연구에 빠져 채집을 하러 다니고 밤새워 관찰했던 열정을 높이 평가받았기 때문이다. 그러나 이후 사교육으로 만들어진 듯한 학생들의 지원이 몰려들었다. 급기야 '학창 시절 내내 곤충을 관찰하며 지냈다'고 자기소개서를 쓴 학생이 실제 서울 밖으로 벗어나 흙냄새를 맡아본 적이 손에 꼽는다고 실토하는 등 면접을 통해 과거를 조작한 학생들이 드러났다. 두 사례에는 우리나라 대학입시의 양면이 고스란히 나타난다.

아이가 고등학교에 입학하면 그날부터 학부모들은 용한 점쟁이 찾아다니듯 알음알음 입시전문가를 찾고 설명회장을 기웃거린다. 끼리끼리 모이면 서로 사례를 공유하고 마치 전가의 보도인 양 입시 비법을 나눈다. 이 비법은 학부모들 사이에서 대학으로 향하는 절대반지가 된다. 그러나 절대반지는 그것을 소유하는 사람을 파멸로 이끈다는 사실을 우리는 곧잘 잊어버린다. 애당초 학생의 잠재력과 열정으로 선발하고자 했던 연세대 창의인재전형이 축소된 원인은 이 비법을 따라 한 모방 지원자가 많았기 때문이다.

고교 3년을 오직 대학만 바라보고 살아가기에는 우리 아이들의 젊음이 너무 아깝다. 10대의 마지막 시기를 자신의 미래를 위해 고민해도 모자랄 판국에 대학 명패를 바꾸기 위한 노력에만 투자한다는 것은 경제적으로나 시간적으로나 엄청난 손실이 아닐 수 없다. 멋진 인생을 살아갈 준비를 해야 한다. 그렇다면 이제 막 고등학교 생활을 시작한 이 시기에 무엇을 해야 할까?

첫째, 자기 삶의 목표와 방향을 수립하기 위한 고민을 먼저 하자. 스스로에게 '왜?', '어떻게?'라는 질문을 자주 해야 한다. 무엇을 할까보다 '어떤' 삶을 살 것인가, '왜' 이런 삶을 살고 싶은가를 생각하자. 자기 삶에 대한 고민을 하며 꾸준히 책을 읽고, 생각하고, 어른들과 대화를 해야 한다. 언뜻 이런 것들이 시간 낭비처럼 보인다. 하지만 이는 곧 학업 동기를 불러일으키고, 학업 역량을 키워준다. 앞에서 소개한 권 모 군의 사례가 대표적이다. 자신이 어떤 삶을 살아갈 것인가를 고민하고 그 생각이 거듭되면서 사고의 깊이도 깊게 형성된다.

둘째, 관련 정보를 수집한다. 한 학생이 'NGO 또는 UN에서 일한 후, UN사무총장이 되어 세계의 빈곤 퇴치에 앞장서겠다'는 목표를 세웠다고 하자. 그러면 다양한 경로를 통해 관련 정보를 수집한다. 즉, 대학 입학 후 외무고시를 치고, 10년 후쯤 외교관이 된 후

UN에서 근무한다. 그러기 위해서는 대학은 어느 학과를 가야 하고, 무엇을 공부해야 하는지 등등을 스스로 찾아본다. 요즘은 거의 대부분의 정보를 인터넷 검색으로도 충분히 알아볼 수 있다. 조금 더 적극적으로 활동한다면 정보는 얼마든지 수집할 수 있다.

셋째, 이제는 고민할 시간이다. 정보를 수집했다고 하여 바로 단기 계획을 세우기보다는 이 꿈이 정말 자신이 원하는 것인가를 살펴보아야 한다. 내가 원하는 것인지, 어른들의 생각을 그냥 따라가고 있는 것은 아닌지 거듭 생각하자. 이럴 때는 주로 '내가 무엇을 할 때 가장 행복할까?', '20년 후 내가 원하는 모습은 무엇일까?', '내가 세운 목표를 반드시 이루려면 어떤 준비를 해야 할까?'라는 질문을 스스로 하자. 꿈은 대학 진학에서 그치는 것이 아니라 자신이 진정 행복한 삶을 살기 위한 목표이어야 한다.

넷째, 단기 목표를 설정한다. 고민의 기간이 길다고 걱정할 필요는 없다. 이제는 평생교육시대이다. 다시 말해 꼭 20대에 대학에 가야 하고, 30대에 직장 생활을 해야 하며, 40대에 자식을 대학에 보내기 위해 우리 부모가 살았던 길을 그대로 따라가야 하는 시대가 아니다. 100세 시대를 살아가고 급변하는 지식과 정보를 습득하기 위해서는 필요한 시기에 공부를 하면 된다. 충분한 고민 후에 목표를 설정해도 넉넉하다. 대학 진학이든, 취업이든, 아니면 여행이든 자기 삶의 목표에 도달하기 위한 하나의 단계로서 단기 목표를 설정한다.

마지막으로 단기 목표를 달성할 수 있는 전략(Action Plan)을 수립한다. 단기 목표가 무엇인가에 따라 전략은 달라진다. 목표를 대학 진학으로 세웠다면, 이제는 구체적인 도달점을 세워야 한다. 교과 성적 성취점, 비교과 활동 계획, 가고자 하는 대학의 인재상이나 교육과정 탐색 등의 세밀한 계획이 필요하다. 그리고 실천이 중요하다. 계획만 번지르르하게 세운들 저절로 꿈이 이루어지지는 않는다. 꿈을 향해 한 발 한 발 다가가야 한다. 힘들더라도 꾸준히 가는 사람은 언젠가는 그 꿈에 도달한다.

시작은 언제든지 할 수 있다. 특히 고교 1학년인 이 시기는 이전의 생활이 어찌 됐든 상관없이 새로 시작할 수 있다. 대학입시에서 학생들에게 요구하는 실적은 오직 고등학교 3년 동안의 교과성적과 교내활동이다. 그리고 더욱 중요한 것은 학생의 자발성과 자기주도성이다. 10대의 마지막 시기는 성인이 되기 위한 성숙의 기간이다. 성인은 자기 행동에 책임을 지는 사람이다. 대학은 책임질 줄 아는 역량을 지닌 미래 인재를 찾는다. 이런 친구들은 고교생활이 참 풍부하다. 당연히 학교생활기록부를 통해 드러난 성장의 모습도 감동적이다.

대학진학률?
그게 뭐!

2014년 경제협력개발기구(OECD) 교육지표에 따르면, 우리나라 대학교육 이수율은 OECD 중 가장 높은 것으로 나타났다. 그러나 공교육비 가운데 정부 부담 비율은 62.8%로 OECD 평균인 83.9%보다 적다.[13] 이는 2007년 이래 가장 높은 고등교육 이수율이 민간 부담으로 이루어졌다는 것을 의미한다.

정부에서 사교육비를 줄이기 위해 온갖 아이디어를 짜내고 있지만, 풍선효과에 쉽사리 효과를 보지 못하고 있다. 오히려 아이디어를 낼 때마다 죽기를 각오하고 살길을 찾는 사교육은 더 넓게 퍼지고 있다. 사교육이 이렇게 퍼져가는 이유는 간단하다. 불평등이다. 온 나라가 좋은 대학에 들어가기 위해 대학입시에 모든 노력을 기울이기 때문이다.

우리나라의 입시구조는 경쟁을 기반으로 하고 있다. 내가 좋은 대학에 들어가기 위해서는 남을 끌어내려야 한다. 전국적으로 대학에 들어갈 수 있는 인원은 한정되어 있다. 그런데 이상한 것은 고등

---

13 2014년 9월 9일 OECD가 44개 회원국을 대상으로 조사·발표한 '2014년 OECD 교육지표'에 따르면, 우리나라 25~34세 청년층의 고등학교 이수율(98%)과 대학교육 이수율(66%)은 OECD 국가(고교 82%, 고등 39%) 중 가장 높은 것으로 조사됐다. 특히 고등학교 이수율은 2001년부터, 고등교육 이수율은 2007년부터 1위를 유지해 '세계 최고의 교육열을 가진 국가'임을 증명했다.(연합뉴스 2014.9.10)

학교이다. 고등학교의 유형이 다양한 것은 다양한 아이를 다양하게 키우기 위해서이다. 특목고나 일반고, 특성화고 등 학교마다 설립 목적이 있고 거기에 맞게 아이들이 입학하여 자신의 꿈과 적성을 키울 수 있도록 해야 한다. 그럼에도 졸업식장에서는 모두 상급학교 진학률이 중요한 자랑거리이다.

그런데 그게 뭐

학부모들이 학교를 선택할 때 대학진학률을 지표로 삼는 경우가 허다하다. 하지만 대학진학률은 그야말로 참고 자료일 뿐이다. 아래 표는 경기도 어느 학교의 대학진학률과 기초학력미달률을 제시하고 있다.

| 대학진학률과 기초학력미달(2014년) |

구분	대학진학률	기초학력미달(%)		
		국어	수학	영어
A고(일반고)	73.9	1.6	1.9	0.9
B고(일반고)	76.4	5.7	7.6	6.2
C외고(특목고)	60.4	0	0	0
D고(혁신학교)	69.8	3.6	14.6	8.1

A고는 대도시에 있는 일반고이고, B고는 농촌 지역의 일반고이

다. 분명 대학진학률은 B고가 더 높지만, 기초학력미달 빈도는 오히려 더 높다. 반면 C외고는 특목고로 예상대로 기초학력미달은 없지만, 대학진학률은 뚝 떨어진다. 혁신학교인 D고는 특목고인 C외고보다 진학률이 10% 가까이 높지만, 수학 교과의 기초학력미달 정도는 매우 높다.

대학진학률은 학생들이 대학에 얼마나 갔느냐를 살피는 통계이다. 어느 대학을 갔는가는 관심 밖이다. 한 아이 한 아이가 자신의 적성과 꿈을 실현할 수 있는 곳으로 진학했는가 하는 것은 아예 찾아볼 수 없다.

그러니 다음 같은 말을 주고받는 일이 얼마나 허무한가? 기초학력미달자가 많다고 하니, 공격하는 이들은 재빨리 그 학교가 아이들을 제대로 가르치지 않기 때문이라고 하고, 방어하는 이들은 원래 그런 아이들이 입학했기 때문이라고 한다.

그런데 그게 뭐? 지금부터가 중요한 게 아닌가. 우리 아이들이 내 교실에 들어왔다면 그들의 성취수준을 100%로 끌어올리는 것이 교사인 내가 할 일이다.

부끄럽지 않은가? 어떻게 서로 이런 말로 헐뜯고 있는가? 가르침의 전문가라고 자부하는 우리가 제대로 가르친다면 기초학력미달 학생은 줄어든다. 그렇게 만들어야 한다. 더디 가는 아이들은 천천히 함께 걷고, 제자리에 머물러 있는 아이는 옆에 함께 앉아 이야기를 들어주면 된다.

제대로 가르치지 않으려고 노력(?)하는 교사는 없다.

물론 아이들도 원래부터 그런 아이는 없다.

평균율로 현상을 분석하면, 한 개인이 미칠 수 있는 영향력은 줄어든다. 다시 말해, 대학진학률이 66%인 국가의 아이들이 기초학력미달지수가 높다면, 학생 개인차가 심하게 나거나 아니면, 교육시스템이 허술하다는 이야기가 된다. 즉, 교사 한 명이 문제를 해결할 수 없으며 국가시스템으로 해결 방법을 찾아야 한다. 그럼에도 불구하고 우리는 교사 한 사람의 역량으로 화살을 돌린다. 한 아이까지도 충실하게 교육할 의무가 있는 국가가 그 역할을 제대로 못 했기 때문이다.

현재 우리나라에 있는 고등학교 유형은 오른쪽 표와 같다. 고등학교의 유형이 이렇게 다양한 것은 그만큼 다양한 욕구가 있기 때문이다. 그런데 과연 지금의 고등학교는 유형에 따라 역할을 제대로 하고 있을까? 대부분 사람이 고개를 가로저을 것이다. 오히려 대입 앞에 고등학교의 유형은 단일화되고 있다. 모든 학교 졸업식장에 가면, 그 해 대학에 합격한 아이들 이름이 버젓이 게시되어 있다. 대부분 학부모는 그 현수막이 내 아이에게 좌절감을 심어줄 거라고 생각하기보다는 학교의 명예를 드높이고, 내 아이도 그 일원이라는 사실을 자랑스럽게 생각한다.

대학은 학생들을 선발하기 위한 전형 방법을 자기 대학에 유리하게 만들어놓는다. 대학 입시의 최우선 원리는 '선발'이다. '어떤' 학

| 현행 고등학교 유형 비교표 |

구분		목적
일반고		• 중학교 교육 기초 위에 중등교육 실시
특목고	과학고	• 과학인재양성
	외국어고 국제고	• 외국어에 능숙한 인재양성(외국어고) • 국제전문 인재양성(국제고)
	예술고 체육고	• 예술인 양성(예술고) • 체육인 양성(체육고)
	마이스터고	• 전문적인 직업교육을 위한 맞춤형 교육과정운영
특성화고	특성(직업)	• 소질과 적성 및 능력이 유사한 학생을 대상으로 특정 분야 인재양성
	체험(대안)	• 자연현장 실습 등 체험 위주 교육
자율고	자율형 사립고	• 학교별 다양한 교육 실시, 사립학교의 자율성 확보
	자율형 공립고	• 교육과정, 학사운영의 자율성 제고 및 전인교육 구현

생을 선발하느냐에 따라 전형이 약간 달라지지만, 우수한 아이를 뽑겠다는 원칙은 같다. 대부분 대학이 점수가 좋은 학생을 우수한 학생으로 규정하고 있다.

이런 상황에서 고교는 한 명이라도 '더 좋은' 대학에 보내기 위해 온갖 노력을 다한다. 그렇다면 뻔하지 않은가. 대학에 맞추어 점수 좋은 학생들을 길러내는 수밖에.

모두가 똑같은 기준으로 한 줄로 늘어서면 앞에서 차례대로 뽑아가는 현행 대입제도에서 우수한 아이란 바로 앞쪽에 서 있는 아이들이다. 고등학교는 아이들을 한 줄로 세우기 위해 기를 쓴다. 대학은 서로 앞에 아이들을 뽑아가려고 난리다.

아이들을 한 줄로 세우지 말자. 고작 몇 걸음 앞서기 위해 돈과 시간, 노력을 쏟아붓지 말자.

10장

대입을 뛰어넘다

들판에 마른 풀은 충분하다. 불씨가 숨어 있다. 이제 바람을 기다린다.

 교사의 길로 들어선 것은 1980년대 중반, 교사들에 의해 시작된 교육운동에서 전국교직원노동조합이 태동되고, 기존의 억압적인 교육과정에서 벗어나 토론 수업 방식이 퍼져나가던 그 시절, 때맞춰 시민운동이 들불처럼 번지기 시작했다. 교직에 막 발을 들여놓은 젊은 교사는 신이 났다. 무엇보다도 자신의 학창시절에는 전혀 느끼지 못했던 가슴 뿌듯한 희열을 교사가 된 그때, 그 자리에서 아이들과 함께 표출할 수 있다는 사실이 믿기지 않았다. 비록 시골에서 교직 생활을 했지만, 하루하루 뜨거운 열정으로 지낼 수 있었기에 마음은 늘 붕붕 떠다녔다.

당시 교사들은 고민하기 시작했고, 그 고민을 동료와 나누었다. 무슨 고민이 그렇게 많았는지 밤새는 일이 허다했다. 아직도 기억에 남는 논쟁거리는 '교(敎)'와 '육(育)'이었다. 이 논쟁에는 당시 학교의 모든 교사가 참여했던 것 같다. 이러한 움직임으로 교육은 변화하기 시작했다. 그때의 아이들이 자라 교육시민운동을 끌어냈고, 이제 그 아이들은 앵그리맘이 되었다. 다시 앵그리맘의 아이들은 촛불을 들고 거리로 나섰다.

대입이라는 거대한 벽

'혁신교육'의 씨가 뿌려지고, 이 씨가 자라 성장했다.

학부모들은 마음을 열었고, 혁신교육은 교육공동체가 함께 번성했다. 초등학교와 중학교까지는 혁신학교도 대거 늘어나고 있다. 학부모들도 이사를 무릅쓰면서까지 혁신학교에 아이를 보내려고 한다. 그만큼 혁신학교에서 지향하는 교육에 동의한다.

그런데 말이다. 이런 혁신교육이 고등학교에서는 자리를 잡지 못하고 있다. 우리나라 교육의 가장 큰 블랙홀인 대학입시의 벽이 가로막고 있기 때문이다. '대학입시.' 참 거대한 벽이다.

교직의 대부분을 고3 담임생활과 고3부장을 하면서 입시지도에 어느 정도 이름을 얻다 보니 교실에 들어가서 수업을 하다 보면 아이들 머리 위로 갈 수 있는 대학 이름이 떠오를 정도였다. 그때는 그게 정말 잘하는 것인 줄 알았다. 조종례 시간에는 '기-승-전-대학입시'였고, 수업 시간도 '기-승-전-대학입시'였다. 아이들과 만나 얘기를 하다 보면 어느새 날 선 말의 칼로 가슴을 후벼내는 나를 발견했고 학부모를 눈물 흘리며 돌아서게 했지만, 무엇이 잘못인지 전혀 알지 못했다. 그러다가 대안교육을 하던 녹색대학교(지금의 온배움 터)에서 공부하면서 생명의 소중함을 배웠다. 그동안 나 자신이 얼마나 큰 죄를 짓고 살고 있었는지 뼈저리게 느꼈다.

혁신교육의 가장 큰 장점은 공감이다. 아이들과 교사의 마음이 연결되어 있다는 것이다. 그 바탕 위에 배움이 진행되고 모든 관계가 형성되다 보니 서로 귀 기울이게 된다. 그리고 변화가 시작된다. 대한민국이 글로벌 시대를 살아가기 위해서는 이 변화가 있어야 한다. 지금과 같은 교육위기를 벗어나기 위해서는 서로서로 마음이 연결되는 경험이 먼저 있어야 한다.

이런 교육을 하기 위해 우리는 혁신교육을 했다. 이런 마음이 학부모들의 공감을 얻어 초등학교, 중학교에서는 혁신교육이 들불처럼 번졌다. 그런데 왜 고등학교는 그렇지 않은가? 간혹 불씨가 살아 있기는 하지만 그렇게 번지지 않는 까닭이 무엇일까. 대입의 벽이 너무 높기도 하지만 우리 스스로가 마음이 연결되는 경험을 제대로 하지 못했기 때문이다. 자신이 없기 때문이다.

　들판에 마른 풀은 충분하다. 이제는 불씨가 훨훨 살아날 수 있도록 바람이 필요하다. 혁신교육이여, 대입에 종속되지 말고, 뛰어넘어라.

학교마다
입시의 벽은 다르다

　학교는 각자 처한 상황이 다르다. 고등학교 역시 예외는 아니다. 구성원이 다르고 지역 환경이 천차만별이다. 이 상황에서 제도를 완벽하게 갖춘 뒤에, 또는 환경이 더 훌륭하게 변한 다음에 새로운 시도를 하겠다고 생각하면 그건 너무 늦다. 변화는 결코 단계적으로 오지 않는다. 어느 날 갑자기 온다. 등불을 준비하지 않은 처녀[14]처럼 때가 되어 당황하기 쉽다. 준비하지 않고 있다 보면 기회를 놓치게 된다. 현명한 사람은 그 전조를 알고 준비한다.

　이미 우리의 교육은 학교를 넘어 마을로 들어섰다. 그럼에도 아직 대학 입시에 대한 인식만큼은 캄캄한 어둠 속에 그대로 있다. 변화를 만드는 이는 사람이다. 사람의 변화가 엄청난 결과를 가져

14　신약성경 마태복음 25장 1~13

온다.

우리가 지향하는 학교는 연구학교도 아니고 실험학교도 아니다. 우리 아이들의 삶에 가장 깊숙이 관련을 맺고 있는 현장밀착형 학교이다. 개별 구성원들 서로의 '관계 맺기'에서 출발하여 이 '관계 맺기'가 위, 아래, 옆으로 무한 증식을 반복해 끊임없이 성장할 때 교육은 성공의 열매를 맺는다.

의욕적인 관리자는 자기 뜻을 실현하기 위해 공동체의 의사를 무시하고 밀고 나가려 한다. 그러나 민주적이지 않은 의사결정 구조는 모두를 힘들게 한다. 옳다고 인정하더라도 자발성을 불러일으킬 동력을 상실하게 되기 때문에 조직 자체가 죽어버린다.

반면에 '관계 맺기'에 성공한 관리자는 예상 밖의 성과를 끌어낸다. 관리자에게 가장 중요한 관계 맺기는 교사들이다. 교사들이 움직일 수 있도록 하지 못하면, 학부모와 학생들의 지원이 있더라도 학교는 성공하기 어렵다. 관리자에게 필요한 역량은 수직적, 수평적 관계 맺음을 조화롭게 하는 것이다.

교사들에게 필요한 관계 맺기 대상은 동료 교사와 학생이다. 혼자 하기보다는 동료와 함께 해결하는 동료성 그리고 학생들과의 눈맞춤이 중요하다. 학교에서는 공동으로 하는 일이 자주 있다. 그런데 추진하는 일 중에는 교과 차원이나 학급 차원에서 맞지 않는 일이 생길 수 있다. 이럴 때 조용히 있는 것이 아니라 바로 옆 동료와 토론하며 새로운 형태로 발전시켜야 한다.

이미 교육생태계[15]라는 말이 널리 쓰이고 있다. 최상덕은 '학습생태계(learning ecosystem)'라는 말을 쓰고 있다. 가정, 학교, 사회 등 다양한 교육 주체 간에 형성되는 역동적이고 상호의존적 관계를 통해 사회에서 요구되는 지식, 실행능력, 인성을 함양할 수 있는 학습네트워크를 의미하는 말이다.

교육 용어로서의 '생태계'라는 말을 처음 접한 것은 2000년 대 초, 기존의 치열한 경쟁 교육의 충실한 이행자로서의 삶에 지칠 당시였다. 어느 정도 입시 교육의 정점에 서 있던 나는 탈출구로 대안학교를 공부했다. 당시 대안대학으로 의욕적으로 출발한 녹색대학(온배움터)[16]의 생태교육학과에서 공부를 하면서 비로소 '교육생태계'라는 말에 눈을 떴다. 생명을 개체생명인 '낱생명'과 '보생명(co-life)' 그리고 '온생명'으로 명명하고 이를 통해 생명을 설명했다. 당시에는 이해하기가 어려웠지만, 지금은 그냥 내 몸의 일부가 되어 있다.

하나의 개체생명 입장에서 볼 때 자신의 생존에 결정적인 영향을 미치는 온생명의 이 나머지 부분이라는 것이 특별한 의미를 지니는 것이 되며, 따라서 이 부분을 개념화하여 여기에 대한 적절한 명칭을 부

---

15 교육생태계라는 말이 교사들 사이에서 본격적으로 사용되기 시작한 데에는 〈유령에게 말 걸기〉(김진경 외) 출간이 계기가 되었다. 다섯 명의 교육운동가는 혁신교육에 주목하며 새로운 교육생태계를 꿈꾸며, 현재의 헝클어진 현실을 짚어내고 분석했다. 혁신학교의 확대, 혁신고등학교의 성공적 모델 찾기, 고교교육의 수평적 다양화와 이를 대학입시에 반영하는 것, 교원임용방식의 다양화 등 제2기 진보 교육감 시대의 과제를 제시했다.

16 빈민 운동을 하던 허병섭 목사가 경남 함양에 터를 잡고 개교했다.

여할 필요가 있다. 그리하여 한 개체생명을 기준으로 했을 때 "온생명에서 이 개체생명을 제외한 그 나머지 부분"을 '보생명'이라 부르기로 한다. (중략) 생명을 이해함에 있어서 온생명을 하나의 중요한 그리고 가장 본원적인 생존 단위로 설정함으로써 모든 개체생명들은 자신들의 보생명과 더불어 온생명으로서의 생존을 유지함과 동시에 상대적인 독립성을 지닌 개체로서의 자신의 생존도 유지해가는 존재로 볼 수 있게 된다. (장회익, 〈삶과 온생명〉, 190쪽)

녹색대학의 철학적 기저는 바로 장회익의 글에서 시작되었다. 온생명은 생존협동과 생존경쟁을 통해 서로 관계를 맺는다. 우리 교육의 지향점이라고 생각했다. 여기에서 우리는 '교육생태계'라는 말을 쓰기 시작했다. 꽤 진보적인 교사모임에서 처음 이 말을 썼다. 사람들은 무섭다고 했다. 하지만 이제 우리는 건강한 교육생태계가 회복되어야 한다고 말한다.

아이들은 학교나 마을에서 성장한다. 온생명으로 성장하기도 하고, 낱생명으로 경쟁도 하며 보생명으로 협력을 통해 배우기도 한다. 아이들의 성장을 막는 것 중 가장 큰 벽이 대입이다. 더구나 하나의 기준으로 모든 아이를 서열화하는 대입이라면, 그래서 한 줄로 세워 대학에 차곡차곡 들어가는 구조라면 참 끔찍한 제도일 수밖에 없다. 그나마 현행 대입제도에서 학교활동을 중요한 전형요소의 하나로 부각시킨 것은 아무래도 학생부종합전형이다.

대입은 정말
공교육의 벽일까?

　주요 대학 학교장 추천 전형 모집 요강을 보자. A대는 각 2명을, B대 역시 2명, C대는 2%를, D대는 6명 이내, E대도 2명을 추천하라고 했다. 이런 요강을 보면서 우리는 무슨 생각을 할까? 노련한 진학 담당 교사는 바로 수능 최저학력기준을 본다. 우리도 살펴보자. 2개 영역 평균 2등급 이내, 3개 영역 이상 2등급 이내 등급 합이 4 이내. 어렵다. 이걸 보고 우리 반 아이들 얼굴을 보니 절망감이 밀려온다. 한숨이 나온다. 사실 일반고에서 이 정도 점수가 나온다는 것은 그리 쉬운 일이 아니다.

　우치다 타츠루의 〈하류지향〉이라는 책을 잠깐 소개한다. 이 책은 2006년 일본의 상황을 분석했는데 지금의 우리 모습과 아주 유사하다. 그는 '배움을 흥정하는 아이들'이라는 말로 요즘 아이들을 규정했다. 우리 아이들은 '교육서비스를 사는 사람'이다. 구매자이다. 이들은 교사가 파는 물건이 마음에 들지 않으면 수업을 거부한다. 교사들은 그게 화가 나고 한심하지만, 아이들 입장에서는 전혀 이상할 게 없다.

　우리의 구매자들은 대입에 맞추어 상품을 구매하고 있다. 교육에 관한 모든 고민을 빨아들이는 블랙홀. 그것이 바로 대입이다. 초·중등교육을 좌우하는 것이 바로 대입이다. 그래서 교육부는 교육개혁의 한 방법으로 대입의 변화를 시도하고 있는지도 모르겠다.

　미래 교육은 지속가능성을 위한 교육으로 변화하고 있다. 과거의 국가 경쟁력 향상을 위한 인재 양성이 아니다. 우리는 미래형 인재라는 말을 많이 쓴다. 혁신학교는 물론이고 일반고에서도 이런 말을 많이 쓴다. 이 미래형 인재를 의미하는 요소는 세 가지이다. 창의성, 역량, 협동력이다. 그런데 이 말은 정확하게 어떤 의미일까? 최근 들어 부쩍 사용하는 말인데 그 의미가 무엇인지 알아야 미래형 인재의 의미도 알 수 있을 것이다. 그래야 학교교육과정도 명확해질 수 있다.

　우선 창의성이란 현재는 정답이 없다고 생각하는 것이다. 1+1=2를 반복해서 가르치는 것이 아니라 왜 1+1=2인지, 다른 경우는 없는지 꾸준히 생각하게 하는 것이다. 최근 들어 기업에서 학벌을 없애면서 창의적 인재를 선발하기 위해 노력하고 있다.

　미래형 인재에게 요구되는 역량에는 어떤 것이 있을까? 독해력, 추론력, 논증력이다. 우리 10대들은 긴 글을 읽어내기를 어려워한다. 독해력이 현저히 떨어지고 있다. 그럼에도 우리는 어떻게 하고 있는가? 무조건 독서를 강조한다. 왜? 학교생활기록부에 들어가고 대입에 반영되니까. 아이들은 죽을 맛이다. 어떻게 읽는지는 가르쳐주지 않고 그저 읽으라고 한다. 책 읽기만 반복한다. 최근 대입시험도 독해력을 강조하는 형태로 바뀌고 있다. 아마도 논술시험은 쉽게 사라지지 않을 것이다. 필요하기 때문이다. 논·서술형평가도 마찬가지이다. 독해력을 바탕으로 추론과 논증을 할 수 있어야 한다. 그것이 미래 사회를 살아갈 힘이 된다.

마지막으로 협동력이다. 이미 기업체의 연구소에서는 대부분 팀 프로젝트로 과제가 부여된다. 최근 이 사회가 요구하는 과제는 우수한 천재 한 사람이 해결할 수 있는 내용이 아니다.

이왕 미래형 인재에 대해 살펴보았으니 최근 들어 역량개발에서 많이 쓰는 용어를 정리해 본다. 참고로 우리 아이들 자기소개서에서도 이런 용어를 많이 쓴다. 글로벌(global), 리더십(leadership), 커뮤니케이션(communication), 문제해결(solution)은 어떤 의미일까? 이런 용어의 특징은 지식이 아니라 가슴으로 익혀야 한다. 어렸을 때부터 몸에 배어야 하는 것이다.

글로벌(global)이란 외국어 실력이 아니다. 외국어를 잘하고 못하고는 한국어를 잘하고 못하고와 같다. 기능일 뿐이다. 글로벌이란 우리 머릿속에 있는 차별의 경험과 극복 과정이다. 우리는 우리도 모르게 동남아 사람이나 흑인을 무시한다. 생명에 대한 경외심이 없기 때문에 겉모습으로만 판단하는 것이다. 이런 생각이 이 사회의 갑(甲)질을 만들어냈다. 이걸 어떻게 극복할 것인가? 이게 머리로만 되는 게 아니다.

또 하나는 리더십(leadership)이다. 학교생활기록부의 리더십은 단순하게 반장, 부반장을 했다는 기록으로 평가하는 것이 아니다. 공동의 목표를 제시하고 추진한 경험이 있는가를 살핀다. 이런 능력은 남을 배려하는 마음이나 통찰력을 지닌 아이들에게 나타난다.

커뮤니케이션(communication)이란 무엇일까? 소통을 하기 위해서는 공감 능력이 있어야 한다. 공감은 상대방의 처지를 이해해야 가능하다. 저 사람이 처한 상황, 그 심정을 이해할 수 없다면 공감할 수 없다.

문제해결(solution)능력이란 목표와 현실의 차이를 알고 그것을 풀어나갈 방법을 찾는 것을 말한다. 자기가 도달해야 할 목표가 무엇이고, 현실은 어떠한지, 그 차이를 알아야 방법을 찾을 수 있다.

이런 용어는 우리가 흔히 쓰지만, 정작 그 의미는 모른 채 쓰는 경우가 많다. 학교교육과정에도 들어가고 수업지도안 또는 학급운영 계획서에도 쓰고 아이들 자기소개서 등을 쓸 때 조언을 하면서 해주는 말이지만 그 의미는 모르는 경우가 참 많았다.

이제는 학생들에게 학교생활을 하며, 학생들과 함께 어울려 가슴으로 익힐 수 있도록 구체적으로 도와주어야 한다. 학생들은 1년 이상을 학교에서 생활했지만, 정작 자신이 관심이 없는 것에 대해서는 모르는 경우가 많다. 가슴으로 익힌다는 의미는 느낀다는 말이다. 직접해보고 공감할 때 배움이 일어난다. 교사들도 마찬가지이다.

이제 학교혁신에 관해 이야기해보자. 학교혁신은 학교 문화의 변화이다. 우리는 강력한 리더십으로 학교가 확 바뀌기를 바랄 때가 많다. 물론 이러한 변화는 눈에 보인다. 무언가 속 시원하게 잘 굴

러가는 것 같다. 하지만 문제는 그 강력한 리더십이 사라지면 쉽게 무너진다는 점이다. 우리에게 필요한 변화는 차곡차곡 다져온, 교사들이 함께 성장하며 만들어낸 변화이다. 학교혁신은 강력한 리더십을 기다리기보다는 학교 안에서 동료들과 함께 변화를 만들어내야 한다.

학교혁신은 우선 학생문화, 교사문화, 학교 문화에서 탄탄한 변화를 이루어내야 한다. 학생들에게는 공부를 하는 이유와 스스로 하는 방법을 찾게 하고, 교사들도 서로 소통하고 비전을 나누고 책임도 나누어야 한다. 학교 변화를 끌어내는 상황에서 참 중요한 요소가 동료성이다. 예로부터 우리는 술잔을 가득 채우지 않았다고 한다. 반 정도 채우고 나머지 빈 곳에는 우정과 사랑 등을 채운다고 한다.

내가 고민하는 것을 옆 동료도 고민하고 있을 수 있다. 흔히 우리가 성장이라고 하면 학생을 먼저 생각하기 쉽다. 그런데 학생들이 내 수업 시간에 신나게 공부하고 무언가 성장이 이루어지는 모습을 보면 뿌듯하면서 교사도 함께 성장한다. 성장은 함께 크는 것이다. 학생, 교사, 학교, 지역, 학부모 모두가 함께 크는 것이다.

11장

그래도 학교는 변하고 있다

"제발 일개 학교 선생의 판단이 평가원과 수능 제작을 위해 투입된 교수님들의 판단보다 우월하며 맞다고 생각하지 마십시오."

'일개 교사'라는 표현을 보는 순간 그 말이 화가 되어 견딜 수가 없었다. 생각날 때마다 부글부글 끓어올라 '화'는 '분'이 되었다. 겨우 가라앉히고 일을 하다가도 부글부글 끓어오른다. 아무리 교권이 땅에 떨어졌다고 한들 제 자식을 가르치는 교사들을 대하는 기본 인식이 이렇다니…. 또 '교수님'은 무엇인가. 그분들이 갖고 있는 지성에 흠집을 내고 싶은 생각은 없다. 교사 앞에는 '일개'라는 말이 붙고, 교수 호칭 뒤에는 '님'이 붙는다.

애써 화를 눌렀다. 그나마 우리 선생님들의 눈물어린 열정으로 이 '분'을 진정할 수 있었다. 수업을 고민하시는 선생님이 참 많다. 서로 모여 이야기를 나누며 함께 해결하는 그런 아름다운 선생님들을 보면 존경의 마음으로 옷깃을 여미게 된다.

지금 학교는 강한 외풍에 흔들리고 있다. 애써 중심을 잡아보지만, 교사들과 학생들이 있는 교실도 덩달아 심하게 흔들리고 있다. 그러나 아무리 흔들고 뒤틀어도 교실에는 '사람'이 있다. 교사가 있고 학생이 있다. 이 '사람'들은 '스스로 말하고'(허병섭) 싶어 한다.

교실은 늘 현재 상황이다. 수업은 교사들이 앞에 있는 아이들과 함께 만들어가는 종합예술이며 행위예술이다. 작품을 만들어내는 예술가들이 바로 교사이며 학생이다. '가르침이 어떤 정해진 공식을 따른다고 해서 되는 일이 아님을 명심해야 한다. 그러지 않으면 우리는 우리 일, 우리 학생들, 더 나아가 우리 자신을 망치게 될 것이다.'(길버트 하이트)

왜 교육과정-수업-평가-기록의 일체화를 말하냐고 묻는 분이 많다. 학교에서 일어나는 일 중 가장 중심이며 기본이기 때문이다. 교사와 학생 사이에 상호작용으로 아름다운 예술작품을 만들어내는 행위이기 때문이다.

다양한 수업 형태가 있다. 평가 방법도 다양하다. 우리 교사들은 가장 적절한 방법으로 학생들이 더욱 아름다운 삶을 살 수 있도록 돕는다.

교실에서 일어나는 아름다운 예술활동은 교육과정이라는 콘티와 수업과 평가라는 활동 그리고 문자로 남는 학교생활기록부 기록이 하나가 되어 만들어내는 종합예술이다. 기록은 학교생활의 결과이자 성장 이력이다. 대학은 이 기록을 해석하여 학생을 데려간다. 대학의 입맛에 맞게 기록하는 것이 아니라 교사들은 학생을 이렇게 키웠다고 자랑해야 한다. 누구를 데려가도 자랑스러워야 한다.

그런데 그동안 우리는 뒤틀린 현실이 올바른 사회라고, 거기에 충실한 학생을 키워내는 것이 바른 교육이라고 믿고 싶어 했다.

'두려움의 원인은 무엇일까. 이것이 단순히 엄마들의 과욕 때문일까, 아니면 두려움을 조장하는 사회의 책임인가. 비상식적인 교육 경쟁이 우리 사회에 자연스러운 문화처럼 정착하는 건 정말 우려할만한 일이다.'(강현정)

이 말이 비수 되어 뇌리에 꽂힌다.

학교생활기록부의 배신?

평가의 패러다임은 변하고 있다. 그동안의 경쟁과 서열 중심 평가가 이제는 학생 개인의 성장 중심으로 바뀌고 있다. 수능이 경쟁과 서열 중심의 대표적인 평가 도구였다면, 학생부종합전형은 성장 중심의 패러다임을 대표하고 있다. 성장 중심의 패러다임은 학생 개인의 종적인 성장을 보는 것이다. 과거의 평가는 변별력을 가지고 무조건 학생들을 일렬로 세웠다. 난이도는 그리 큰 문제가 아니었다. 어떻게든 한 줄로 세우기만 하면 되었다. 얼핏 보기에 가장 객관적이고 공정한 도구라고 생각할 수 있다. 수능을 가장 객관적이라고 생각하는 이들이 내세우는 이유는 이것이다. 한 줄로 세운다는 것.

그러나 입학사정관전형이 도입되면서 정량평가가 정성평가로 바뀌고, 학생부종합전형이 본격적으로 도입되면서 정성평가는 더욱 확대되고 있다. 정성평가에서 객관성이란 한 줄로 세우는 것이 아니라 그 학생의 성장 과정을 확인하는 작업이다. 입학사정관들은 학교생활기록부 기록에서 학생의 성장과 진정성을 보고 싶어 한다. 이것을 그 대학의 인재상에 맞추어 선발하는 것이다. 그렇기 때문에 한 학생이 대학에 따라 선발이 되기도 하고 떨어지기도 한다. 고교에서는 아직도 많은 이가 이를 정량적으로 판단한다. 학생과 학생을 정량적으로 비교한다.

대학이 인재상에 맞추어 선발한다고? 바로 이 부분에 고교의 고민은 시작된다. 그럼 어떻게 준비하라는 말이냐? 학생들을 전부 만능선수로 만들라는 얘기냐? 흔히 꼬리가 몸통을 흔든다는 말을 쓴다. 중요한 본질은 간과하고 지엽적인 것에 초점을 맞춘다는 의미이다. 그동안 대한민국은 꼬리가 몸통을 흔드는 일이 매우 많았다. 대표적인 것이 고교 교육과정은 간과하고 대입에 모든 교육과정이 매몰되는 모습이었다. 이제는 대학의 입학전형이 발표되면 초등학교까지 흔들린다. 완전히 꼬리가 몸통을 지배하는 모습이다.

학교가 바뀌어야 한다고 한다. 수업 중심으로 변해야 한다고 한다. 수업은 교사와 학생이 마주하는 가장 기본적인 학교 모습이다. 이 수업에 대한 고민이 커진 것은 처음이다. 물론 대입에 따라 바뀌는 것은 바람직하지 않다. 대입이 바뀌면 거기에 따라 다시 학교의 모습이 변해야 하는 것일까?

교육과정-수업-평가-기록의 일체화를 말한다.

수업에 학생이 참여하고 이를 통해 배움이 성장할 수 있도록 돕자는 말이다. 이를 학생참여수업이라고 한다. 학생참여수업이 이루어지면, 즉 수업이 바뀌면 당연히 평가가 바뀌어야 한다. 수업 과정을 그대로 평가에 반영해야 한다는 것이다. 수업과 평가가 분절되면 결코 수업은 바뀔 수 없다. 예를 들어, 체육수업에서 학생활동중심수업을 하고 수행평가로 자유투 성공횟수로 점수를 낸다면 아이들은 학생활동수업은 형식적으로 참여하고, 자유투 연습을 따로 하게 된다. 이렇게 되면 결국 교사나 학생이나 모두 힘들게 된다. 이를 연계하자는 의미가 수업과 평가의 일체이다. 수행평가를 과정 중심으로 하자는 의미이다.

수업을 고민하면 저절로 교육과정 재구성이 되어야 한다. 그저 진도만 나가는, EBS 문제만 푸는 수업을 그만하자는 거다. 학생이 활동을 통해 배움이 성장할 수 있도록 수업을 디자인하자는 의미이다. 이렇게 수업을 하고 학생의 활동을 그대로 학교생활기록부에 기록하자는 것이 바로 교육과정-수업-평가-기록의 일체화이다.

경기도교육연구원에서 교사들을 대상으로 설문조사를 했을 때 위기의식을 느낀다는 교사가 상당히 많았다. 그러나 '당신이 있는 학교가 위기냐'라고 물었을 때 두 가지 유형이 나왔다. 하나는 진학 결과가 좋은 학교에 안주하는 모습이었고, 또 하나는 끊임없이 학생 중심으로 교육과정을 바꾸어 가는 모습이었다.

학교는 변하고 있다. 그 변화의 단초가 된 것은 학생부종합전형이다. 과거 어느 대입전형이 학교에 근본적인 변화를 가져왔던가. 권오현 서울대 입학본부장은 이런 말을 한다.

'학생부종합전형은 수업에 주목하고 있다. 교실에서 토론수업, 협동학습 등 학생의 활동이 중심이 되고 이것이 기록에 담겨야 한다. 입학사정관들은 교실에서 이루어지는 수업의 모습을 보고 싶어 한다.'

꼬리가 몸통을 흔들고 있지만, 이번에는 제대로 흔들고 있다.

다시 과거로 되돌아가자?

대학 선발이라는 관점에서 본다면 현재의 수능, 논술, 학생부교과, 학생부종합 등의 다양한 평가 방식은 병립해야 한다. 각자 장점이 있고 학생의 다양성이라는 측면에서도 필요하다. 현재의 평가 방식은 정량평가와 정성평가가 병립하고 있는 셈이다. 수능, 논술, 교과가 정량이라면 종합은 정성인 셈이다.

고교에서 진행되는 평가 방식에는 지필, 수행평가 등이 있다. 아직 자리 잡지는 못했지만, 교사들이 문장으로 표현하는 서술평가(학교생활기록부 기록)가 있다.

물론 수행평가 중 과정중심평가는 일정 부분 정성적인 요소가 있지만, 최종적으로 지필과 합산하여 학생의 성적(9등급 또는 성취도)이 나온다는 점에서는 정량이라고 할 수 있다. 이 기록은 학교생활기록부의 교과학습발달상황에 나타난다.

교사들이 문장으로 기록하는 세부능력및특기사항, 행동특성및종합의견, 창의적체험활동상황의 특기사항 등은 교사들의 평가권과 관련이 있다. 평가는 엄중해야 한다. 정에 흔들려서는 안 된다. 그럼에도 교사들은 아직 이 기록이 교사평가권과 밀접하다는 인식이 부족하다. 제자들을 대학에 보내야겠다는 점에 급급하여 과장하거나 미사여구로 포장하기도 한다. 여기서 그치지 않고 평가권을 포기한 채 학생에게 기록에 대한 기본 자료를 요청하다 보니 사교육이 개입하기도 한다. 말도 안 되는 일이다. 하지만 대입에 종속된 고교 현장에서는 너무나 당연시된다. 이런 상황에서 고교(교사, 학생, 학부모)는 합격을 위해 전략적으로 접근하게 되고, 대학은 우수한 학생을 유치한다는 목표 아래 경쟁적으로 점수가 높은 학생을 뽑기 위한 방식으로 학교생활기록부전형을 이용한다. 이러한 왜곡은 서로에게 늪이 되고, 무덤이 될 가능성이 크다.

지금 이 시기가 우리 교육을 '삶을 위한 교육, 생명을 존중하는 교육, 가치를 추구하는 교육'으로 되돌릴 절호의 기회이다. 학령인구절벽이 오는 시점과 미래사회 가치의 전환이 요구되는 이 시기야말로 왜곡된 현실을 되돌려야 할 때이다.

현재 논란이 되고 있으며, 학생부종합전형의 위기로 많은 사람이 지적하는 부분은 역시 '공정성'이다. 도대체 어떤 아이들이 선발되는지, 왜 뽑혔는지를 알 수 없다는 것이다. 물론 그동안 콘퍼런스 등을 통해 많은 입학사정관도 강조했지만, 여전히 이 부분이 강하게 부정적인 의미로 다가오는 것은 이유가 있다.

그러다 보니 대학에서 학생부종합전형의 입시 결과를 공개하겠다고 한다. 그런데 무엇을 공개할까? 공개가 가능할까? 정량적인 요소는 가능하다. 하지만 정성적인 부분은 공개를 해도 문제, 하지 않아도 문제다. 그렇다고 사례를 제시하면 그 사례가 곧 표준이 되어 버리는 우리의 현실 때문에 왜곡 현상이 생기니 조심스럽다.

사교육은 이 틈을 비집고 들어온다. 그리고 여론을 만든다. 재수 비율이 가장 높은 곳이 또한 여론 주도층이 많기도 하다. 더구나 결과에 대한 예측 불가능과 동시에 교사에게는 학교생활기록부 작성이라는 업무 부담이 있는데 - 실제로 그동안 수능 비율이 높았던 학교에서는 학교생활기록부 기록에 대해 거의 고민하지 않았다. 그런데 이제는 아니다. 교사들도 합격선 분포에만 집중하면 입시전문가가 되었던 시절이 있었다. 그러나 이제는 아니다. - 반대 여론이 높으면 회심의 미소를 짓는다. 대신에 골치 아픈 교사평가권은 반납하는 것이다.

원론적으로 접근하면 이렇다. 고교는 교육의 본질로 돌아가야 한다. 수업에 학생들이 주도적으로 참여할 수 있도록 하고, 이를 통해 학생들의 학업 역량이 얼마나 성장하느냐를 볼 수 있어야 하며, 이를 위해 교사는 교육과정을 재구성해야 한다. 이런 과정을 정량평가와 정성평가로 학교생활기록부에 기록하고 이를 대학이 해석한다. 이를 교육과정-수업-평가-기록의 일체화라고 말하고 이렇게 하다 보니 학교는 민주적 소통이 없으면 힘들다. 그래서 학교 문화의 변화까지 생기는 모습을 많이 보기도 했다. 이렇게 학교가 급속도로 변하게 된 저변에는 학생부종합전형이 역할을 했다.

그래서 감히 제안한다. 이제는 적극적으로 공동대처 방안을 마련해야 한다. 대 언론 홍보, 대 국민 홍보, 교사 대상 인식 개선 등(칼럼 등으로 주기적으로 언론 노출, 고교의 변화를 입시설명회 등에서 강조 등)을 조직적으로 해야 한다. 소속 대학의 우수한 인재 선발에만 머물지 말고, 우리 미래 인재를 키우기 위해 현재 학교 교육에 대해 끊임없는 변화를 조직적으로 끌어내야 한다.

혼자서 무엇을 할 수는 없다. 문제의식을 갖고 있는 사람들끼리 모여 이야기를 나누고, 또 설득하고 행동하면서 변화를 끌어내야한다. 이대로 다시 예전의 치열한 경쟁의 모습으로 되돌아갈 수는 없다.

지금은 학생부종합전형 시대, 수업이 답이다

이세돌 기사가 알파고를 이기자 순식간에 올라온 댓글이 가관이다. 첫마디가 인간이 이겼단다. 교육의 승리란다. 인간 창의력의 승리란다. 오직 승패만 있다. 알파고의 기술 발전을 보면서 우리 곁에 바짝 다가온 패러다임의 변화를 읽어내기보다는 그저 이기고 지는 것에만 관심 있다. 이번 기회에 역사를 준비하는 이가 있는가 하면, 우리는 그저 작은 승리에 도취되어 있다. 패러다임이 변하고 있는데도 아무것도 준비하지 못하고 있다.

학생부종합전형이 평가(선발)를 바꾸고 있는데도 예전 방식 그대로 대응하는 모습이 이번 바둑 대국과 하나도 다를 바 없다. 분명 입으로는 학교생활기록부 기록에 대해 운운한다. 어떻게 기록해야 합격이고, 무엇은 꼭 해야 한다는 식으로 말이다. 정작 이 전형이 교육을 어떻게 바꾸어낼 것인가에 주목하는 이는 별로 안 보인다.

전국을 다니면서 교육과정-수업-평가-기록의 일체화에 대해 이야기를 했다. 결국 좋은 학교생활기록부 기록은 학생들이 참여하는 수업에 달려 있으니 수업 변화를 끌어내고 이를 통해 학교 문화를 바꾸자는 내용이 대부분이었다. 대학과 공동으로 한 연구 결과도 같은 내용이었다.

강의 요청은 새 학기가 시작될 때 많이 쏟아진다. 미리 준비를 해야 한다는 점에서 학기 초에 몰리는 것은 당연하다. 속내를 들여다보면 꼭 그렇지는 않다. 입시설명회의 또 다른 변형일 뿐이니 안타깝다. 그래서 가급적 거절하고 있다. 형식적인 연수는 물론이고 학교생활기록부 기록을 대입을 여는 만능열쇠로 알고 초청하는 곳이라면, 내 강의는 별로 도움이 되지 않기 때문이다. 이런 곳에서 강의를 하면 찜찜하다. 본질이 뒤틀려 왜곡된다.

최근 이런 모습이 많이 보인다. 학교생활기록부 기록을 위해 비교과에 열중하라는 이야기, 독서가 중요하니 이런 책을 읽으라는 권유, 심지어는 교사들에게 무엇을 요구하라는 충고까지 이어진다. 답답하다. 우리 사회에는 교육이 없다. 오직 전략만 있을 뿐이다. 짜릿한 자극만 넘친다. 실망의 틈새로 종종 수업이 변해야 기록이 바뀐다는 이야기가 들려온다. 학교에서 교사들이 함께 모여 수업과 평가를 연계할 것인가를 고민하는 목소리도 나온다. 다행이다.

그렇지만 아직도 학교생활기록부 기록을 대입의 전략적인 도구로 접근하는 곳이 있다. 학교생활기록부 기록이 좋아야 좋은 대학에 간다는 말은 날카로운 비수가 되어 아이들을 괴롭힌다. 기록은 누가 하는가? 교사가 한다. 그러니 화살은 자연스레 교사에게 향한다. 저 사람이 내 학교생활기록부를 어떻게 기록할까? 교사에게도 학교생활기록부는 무기가 된다. 너 까불면 학교생활기록부 기록 알지? 뭘 어쩌란 말인가. 승패의 열쇠는 학교생활기록부에 달려있다고 믿으니 모두들 학교생활기록부가 만능인 줄 안다. '기록의 기술'이라는 글이라도 쓸까 보다. 책 제목은 '학교생활기록부 기록, 이렇게 하면 만점 받는다' 학교생활기록부 기록이 수능처럼 일렬로 세울 수 있다고 생각하나 보다. 입학사정관들과의 대화에서도 결국은 어떻게 기록해야 대학에 합격할까로 결론이 난다. 보라는 달은 안 보고 손가락만 보고 있다. 답답하다. 참 답답하다.

학교생활기록부가 중요한 서류인 것은 맞다. 하지만 뒤따르는 말이 어떠냐에 따라 좋은 정보가 되기도 하고, 왜곡된 정보가 되기도 한다. 문제는 학생이나 학부모들이 이를 구분하기가 어렵다는 사실이다. 불안을 미끼로 거짓 정보를 팔거나, 이를 빙자하여 본질을 흐리는 선동을 마구 해대는 '거짓 선지자'의 유혹에 빠지지 말아야 한다. 가장 중요한 것은 학생이 학교생활을 어떻게 하느냐에 달려있다. '학생의 학교생활' 이것이 바로 학생부종합전형의 핵심이다.

1. 학교생활기록부는 무엇을 기록할까?

아이가 학교에 입학하는 순간부터 정보제공자는 참 많다. 모두 다 그럴듯하다. 이것도 해야 하고, 저것도 해야 한다. 안 하면 세상이 무너질 것 같다. 동아리도 선택하고, 교사도 선택하란다. 그도 저도 안 되니, 비싼 컨설팅비를 들여 학교생활기록부에 기록할 문구를 적어, 교사들에게 내밀라고 하는 곳도 있다. 이런 말을 들을 때마다 답답함에 가슴을 친다. 거짓 정보제공자여. 물러가라.

학교생활기록부는 학생의 학교생활을 기록한다. 여기서 말하는 학생의 학교생활이란 단순한 활동을 나열하라는 의미가 아니다. 바로 학생 자신의 활동, 즉 행위의 주체인 '나'를 드러내야 한다.

잠시, 서울대 학생부종합전형 우수 성과 공유 콘퍼런스에서 발표한 '학교생활기록부 정보의 재구조화 연구(2016)'의 한 부분을 살펴본다.

> 연구의 요점은 현재의 '학교 중심 학교생활기록부'를 '학생 중심 학교생활기록부'로 전환하자는 것이다. 학생 중심 학교생활기록부란 '학교가(선생님이) 무엇을 어떻게 가르쳤는가에 대한 기록이 아니라 학생이 주어로 기술된 학교생활기록부, 즉 '학생이 무엇을 어떻게 배우고 성장했는가에 대한 개별화된 기록'을 말한다. 결과만이 아니라 배움의 동기, 과정, 결과를 기록한 학교생활기록부가 학생 중심의 학교생활기록부이다.(동 자료집 110쪽)

'학생이 무엇을 배우고 성장했는가를 기록해야 한다'는 말은 무슨 뜻일까. 기록이야 당연히 교사들이 하지만, 활동하는 것은 학생이다. 그렇지만 현재 한국 땅에 있는 학생들 중에 자신을 드러내는 활동을 할 수 있는 고교생이 얼마나 될까? 어릴 때부터 엄마가 만들어놓은 스케줄에 따라 학교와 학원 그리고 집을 오가던 아이가 고등학생이 되었다고 없던 창의성이 갑자기 생기지 않는다.

아이가 하는 학교생활이란 '자신이 진짜 좋아하는 것이 무엇인지 찾아가는 과정'이다. '진짜 좋아하는 것'이 무엇일까. 어느 누구도 모른다. 학생 본인만이 안다. 어쩌면 지금은 학생 본인도 모를 수 있다. 교과 시간이 출발점이 된다.

2. 가장 중요한 학교생활은 무엇일까?

물어볼 것도 없다. 수업이다. 하루 일과 중 가장 많은 시간을 보내는 것도 수업이고, 아이들과 교사들이 가장 자유롭게 만날 수 있는 시간도 수업이다. 수업은 교과학습발달상황과 교과세부특기사항으로 기록되고 독서, 동아리, 진로활동 등 다양한 교내활동과도 연결이 된다. 그러니 이 수업이야말로 우리 아이들의 활동에서 가장 기본이 되며 중요하다.

수업이 바뀌어야 학생에 대하여 기록할 내용이 만들어진다. 한 학기의 수업 결과 목표 도달 정도와 학습에 참여한 태도를 기록하고, 가르치는 내용을 기록하기보다 학생이 반응하고 성장한 내용을 기록해야한다. 이렇게 수업을 바꾸는 데는 관리자의 의지뿐만 아니라 모든 교

사의 의지가 중요하다. 하지만 현실적으로 모든 교과 수업은 단번에 바꾸는 것은 가능하지 않다. (120쪽)

  수업에 대한 대학의 관심은 학생의 학업 능력과 학업 태도, 학생의 관심과 열의라는 발전 가능성이다. 이러한 내용이 기록되는 곳은 교과학습발달상황의 세부능력 및 특기사항이다. 결국 수업 시간에 드러나는 학생의 활동이 있어야 교사는 기록을 할 수 있다. 그런데 역시나 수업 시간에 주눅 들지 않고 활동을 할 수 있는 학생들이 얼마나 될까? 일방적인 문제풀이식 수업에서 그 흐름을 깰 용감한 학생은 없을 것이다. 결국 교사가 수업을 바꾸기 위해 노력을 해야 한다. 학생이 활동할 수 있도록 수업을 바꾸어야 한다.

  사실 수업을 바꾼다는 것은 쉬운 일이 아니다. 오늘부터 수업을 바꿀 테니 학생들이여, 수업에 열심히 참여하라고 아무리 외친들 수업이 바뀌지 않는다. 조금씩 수업을 바꾸고 평가를 연계하면서 평소 학생의 활동을 관찰하여 기록하는 모습이 매우 중요하다.

  학교 현장에는 이러한 노력을 하시는 분이 참 많다. 이런 분들과 함께 '교육과정-수업-평가-기록의 일체화 동아리'를 만들었다. 몇 번 모여 서로가 어떤 노력을 했는지 경험을 나누며 함께 울고 웃었다. '나는 무엇을 가르칠 것인가'에서 출발한 사유가 '어떻게 가르칠 것인가'로 이어지고, 다시 무엇을 평가하고, 어떻게 평가할 것인가, 그리고 마지막으로 이를 기록으로 담아낸 과정을 고스란히 들려주신 선생님, 동료들을 설득하여 수업을 바꾸고 평가를 수업과 연계했던 즐거움을 공유하신 선생님. 자신의 실패 경험을 아낌없이 나누어 주신 선생님, 우리는 이 선생님들이 애쓴 과정을 통해 학교수업이 바뀌고 평가와 기록이 학생 중심이 되는 과정을 지켜보았다.

닫는 글

오해는 풀어야 하지 않은가.

교육과정-수업-평가-기록의 일체화가 필요하다고 많은 사람이 말한다. 특히 고등학교에서 높은 관심을 보인다. 이제는 교육부도 연수에 강좌명으로 사용할 정도이다. 전국적으로 많은 사람이 이 내용으로 강의를 한다. 하지만 산이 높으면 그늘도 깊은 법이다.

종종 이런 질문을 받는다.

하나는 '교육과정-수업-평가-기록의 일체화를 하면 학생부종합전형에 유리한가?'이고 또 하나는 '평가와 기록을 일체화하다 보니 오히려 교육과정, 수업이 경직되지 않았나?'라는 것이다.

첫 번째 물음에 대한 답은 '잘 모르겠다'이다. 다만 질문을 이렇게 바꾸면 거기에는 강하게 긍정의 대답을 할 수 있다. '학생부종합전형을 준비하려면 교육과정-수업-평가-기록의 일체화를 해야 하는가?' 그렇다. 이유는 간단하다. 학생부종합전형이 평가요소로 삼고 있는 것은 주로 '학업 역량, 학업 태도, 개인적 소양'이고 이를 찾아낼 수 있는 서류는 학교생활기록부와 자기소개서이기 때문이다. 대학은 학교생활기록부와 자기소개서를 통해 학생이 고교 재학 기간 중 무엇을 했는가, 어떻게 성장했는가를 살핀다.

학생들은 학교에서 일주일 동안 평균적으로 34시간(50분 수업 기준) 정도를 이수한다. 34시간 중 교과 수업이 30시간이고 창의적체험활동이 4시간이다. 30시간 정도의 교과수업 시간에 무엇을 했는가에 따라 학업 역량이 좌우될 것은 불을 보듯 뻔한데 학교에서는 정규교과를 손대지 못하고 자꾸만 방과 후 학습시간이나 창의적체험활동에서 여러 활동을 더하려고 한다. 아이들이나 교사들이 열심히 하는 학교는 대체로 방과 후에 더 바쁜 모습을 보인다.

정규 수업 시간에 학생들이 활동하고, 정규 수업 시간에 평가가 이루어져야 하는 것이 당연하다. 그런 모습을 기록으로 남겨야 하고, 대신 방과 후 시간에는 학생들이 스스로 자기가 하고 싶은 것을 할 수 있어야 한다. 독서를 통해 자신의 호기심을 충족하고, 봉사활동이나 취미활동 등을 통해 삶을 더 깊게, 더 넓게 준비해야 한다.

두 번째 질문을 들으면서 참 답답했다. 교육과정-수업-평가-기록의 일체화 교사동아리는 일체화의 개념을 '성취기준을 중심으로 재구성한 교과교육과정으로 학생중심수업을 실천하고, 수업 중 학생의 활동을 관찰·평가한 후, 성장 중심으로 학생부에 누가 기록하는 것'라고 정의한다. 교육과정과 수업, 평가와 기록이 교육활동의 과정으로 연결이 되어 있을 뿐이다. 이를 경직화라고 한다면 그동안 별개로 이루어진 수업과 평가 활동 습관 탓이 크다. 게다가 학생부 기록도 평소 활동을 누가 기록하기보다는 기록을 억지로 수업과 연결하여 쓰라는 의미로 받아들였을 가능성이 크다. 교육과정-수업-평가-기록의 일체화는 수업에 집중하기 위한 방법이다. 교사들이 교실에서 하는 교육활동은 수업이고 평가이며 기록이다. 이를 담아내는 틀이 교육과정이다. 일체화는 이러한 개별의 교육활동을 한 줄로 연결하자는 것이다.

그럼에도 왜 굳이 '일체화'를 말할까? 그동안 우리 교육 현장에서 많은 교사가 노력하여 다양한 수업의 기법이 도입되었고, 평가의 객관성도 높아졌다. 더구나 학생부종합전형의 확대로 학교생활기록부가 중요함에 따라 기록에 대한 관심도 높아졌다. 각각의 활동을 통해 학교는 분명 달라지고 있음을 느낀다. 교과교육과정을 성취기준을 중심으로 재구성한다는 것이나 수업을 학생 중심으로 실천하는 것, 그리고 수업 중에 학생의 활동을 관찰, 평가해야 가능한 과정중심평가. 이러한 교육활동 전반을 학교생활기록부에 기록해야 한다는 것은 교사라면 누구나 당연하다고 생각할 것이다. 그렇다면 이미 하고 있던 것인데 새삼스럽게 왜 '일체화'를 말하냐고 반문할 만하다.

문제는 이 모든 활동이 '따로국밥'이었다는 사실이다. 교육과정이나 수업, 평가와 기록이 모두 겉돌아 아직도 교사들에게는 '일'로 다가간다.

학기 초에는 교육과정을 수립하고 문건으로 만든다. 일부 교사는 교육과정은 아예 생각지도 못한다. 그냥 한 해 교과서 진도 나갈 생각에 골몰하거나 아니면 효과적으로 문제 풀이를 할 계획을 세운다. 아예 시중의 문제집을 하나 정해 그것으로 진도를 나간다(EBS 문제집도 시중 문제집 중 하나이다. 아무리 수능과 연계된다고 하지만 문제집은 문제집일 뿐이다). 이러니 평가는 수업과 전혀 상관없는 교육활동이 된다. 수업 시간에 참여하지 않아도 문제집을 열심히 푼 학생이라면 좋은 점수를 받을 수 있다. 이렇게 되면 수업과 평가는 별개가 된다. 문제집의 문제를 살짝 바꾸어 출제하면 되는데 굳이 서술형, 논술형 또는 수행평가의 필요성을 느끼지 못한다. 선다형으로만 출제하면 컴퓨터가 모두 채점하고 학생들의 이의제기도 상대적으로 덜하다. 하지만 학생 활동에 대한 정보는 많지 않다. 이 상태로 학교생활기록부를 기록해야 하니 또 고민이다. 수업 시간에는 문제풀이만 했고 평가는 컴퓨터가 했다. 문제를 잘 푸는 학생들이야 그래도 기억 속에 있지만, 대부분 아이들에 대한 기억은 수업 시간에 엎드려 자던 모습밖에 없다. 쓸 말이 없다. 기록이 왜 필요한 것인지 모르겠다. 학교생활기록부도 잡무가 된다.

이렇게 쓰다 보니 어디선가 많이 본 모습이다. 젊은 시절 내 모습이 겹친다. 그 시절에는 EBS 강사가 최고의 교사였다. 그렇게 흉내를 냈다. 심지어 수업 시간에 EBS 강의를 틀어주고 교사들은 보충 설명만 하기도 했다. '참 나쁜 교사'였다. 나는 내 영역에서 벗어나지 않았고 아이들이 내 영역에 들어오지도 못하게 일정한 거리를 유지했다. 그러니 관계가 온전할 리가 없었다.

그동안 교육 현장에서는 동시에 일어나야 할 교육활동이 분절적으로 이루어졌다. 문제풀이식 수업도 그렇지만, 오직 변별을 위한 평가도 온전한 모습은 아니었다. 아이들을 한 줄로 세우기 위한 평가는 맹목적인 암기식 공부 방법을 낳았고 우리 아이들을 그저 책상 앞에 오래 앉아 있게만 만들기도 했다. 아이들에게서 생각이 사라졌다. 이제는 그렇게 하지 말자는 것이 교육과정-수업-평가-기록의 일체화이다.

교사는 지식을 전달하는 자이기 이전에 '관계 맺는 자'이다. 아이들과 '관계 맺기'에서 교사의 교육활동이 시작된다. 그러나 단순히 관계만 맺으면 끝나는 직업이 아니다. 관계를 통해 성장을 이끌어 내는 '성장이끎이'의 역할을 해야 한다. 그럼에도 대학입시가 어쩔 수 없는 현실이라고, 학부모들의 요구를 거절할 수 없다고 말하는 이들이 더러 있다.

고민성 선생님(저현고)은 수업에서 분명하게 일체화의 과정을 보여준다.

| 고민성 선생님의 교육과정–수업–평가–기록의 일체화 단계 |

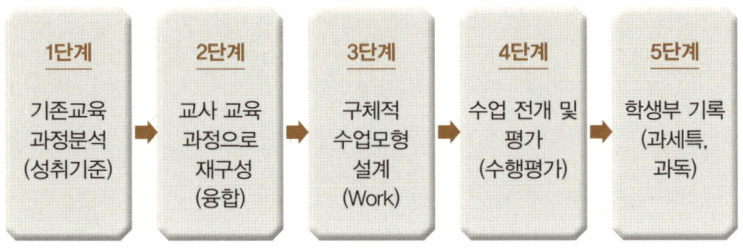

고 선생님은 성취기준을 중심으로 교육과정을 분석하고 재구성한다. 그리고 이를 바탕으로 구체적인 수업 모형을 설계한다. 평가는 수업 시간 중에 하고 이를 학생부에 기록한다. 분절적인 교육활동을 이렇게 연결하는 것이 교육과정–수업–평가–기록의 일체화이다. 구슬을 실에 꿴 것이다.

일체화는 교실에서 새로운 '일'을 하자는 주장이 아니다. 그동안 교사들이 해왔던 '일'을 실에 꿰자는 것이다. 그동안 우리는 스펙

| 고민성 선생님의 수업 모형 |

매 수업 시간

1) P.M.I(Plus 장점, Minus 단점, Interesting 개선점) 논술 작성
2) 독서의 필요
3) 수업과 평가간의 연계
4) 개별과제 + 그룹과제(Individual Work + Cooperation Work)
   + 학기별 창의적교과활동

(spec)을 주로 말했다. 이제 스토리(story)를 말한다. 하지만 여기에서 한발 더 나아갈 필요가 있다. 교사들은 삶을 디자인하는 사람들이다. 아이들의 삶을 디자인하되 아이들 스스로 자기 삶을 살아가도록 이끌어주는 역할을 해야 한다. 그래서 교사 입장에서 교육활동은 '플롯(plot)'으로 구성되어야 한다. 의도가 있어야 한다는 말이다. 비록 예측하지 못하는 결과가 나오더라도 수업을 디자인할 때는 의도가 있어야 한다.

스펙(spec)이란 영어 단어 'specification'을 줄여서 쓰는 말로 '1.명세 2.사양 3.규격 4.설명서 5.기준'을 의미하나 보편적으로 구직자 사이에서 학력, 학점, 자격증 따위를 통틀어 이르는 말이다. 스토리(story)는 어떤 사물이나 사건, 현상에 대해서 일정한 내용을 가지고 하는 말이다. 반면에 교사들의 수업은 어떤 목적이 있어야 한다. 따라서 수업을 디자인하는 방식은 하나의 플롯(plot), 인과 관계에 따라 필연성 있게 엮는 방식이 되어야 한다는 것이다. 세심하게 배려되어 학생들의 학업 역량을 끌어올릴 수 있는 장치가 배치되어 있어야 한다.

일체화로 학교 문화를 변하게 하기 위해서는 개별 학교에서는 학교 리더와 교사들 간의 상호 나눔이 필요하고 피드백이 있어야 한다. 정해진 연수 시간이 아니더라도 의자만 돌리면 수업을 나누고 평가에 대해 고민할 수 있어야 한다. 학교 간 교류도 활발하게 일어나야 한다. 학교 간 교류는 교육청에서 주관해야 한다. 지역 학교가 서로 만나는 날을 정해 교육과정, 수업, 평가, 기록에 대한 사례를 주고받을 수 있도록 해야 한다. 외국의 사례처럼 '역량구축의 날(친구의 날)'을 만들어 지역의 모든 학교가 모여 서로의 교육활동을 교류해야 한다. 동시에 교육청에서는 전문코디네이터를 확보하여 학교와 교사들을 도와야 한다. 교육과정, 수업, 평가, 기록을 포함한 학교 운영 전반에 걸쳐 경험이 많은 이를 확보하고 그들이 학교를 지원할 수 있도록 해야 한다.

'혁신을 제안하기는 쉽다. 실행하기는 어렵다. 지속하기는 매우 어렵다'라는 말이 있다. 하나의 정책을 제안하기는 쉽다. 하지만 이를 현장에서 구현하기는 어렵다. 문화로 정착하기까지의 과정은 더욱 어렵다. 교육과정-수업-평가-기록의 일체화는 정책으로 접근해서는 안 된다. 이는 학교의 문화이다. 문화로 정착이 되고 일상이 되어야 할 일이다.

에듀니티 　행복한연수원 원격연수　　happy.edunietly.net

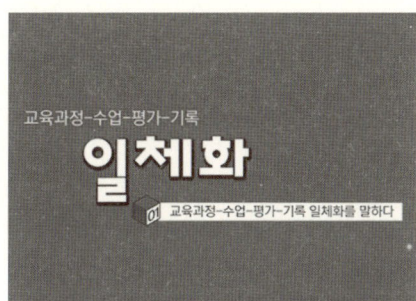

15시간 1학점 원격연수

줄세우지 않는 교육에서 희망을 찾다,
평범하지만 스스로 길을 개척해가고 있는
교사들의 이야기

교육과정-수업-평가-기록 일체화

교육과정-수업-평가-기록 일체화를 교사 한 개인의 입장에서 받아들이고자 할 때
생각해 볼 수 있는 다양한 접근을 '공감할 수 있는 교사들의 이야기'를 통해 제공하고자 합니다.

도 전
01. 교육과정-수업-평가-기록 일체화를 말하다
02. 일체화 무엇이 문제인가
03. 일체화 어떻게 할 것인가
04. 일체화 수업에서 실천하기

변 화
05. 일체화 제대로 실습하기(1)–방법과 사례
06. 일체화 제대로 실습하기(2)–실천 6단계
07. 실천사례 1 – 일체화 관점에서 수업보기
08. 실천사례 2 – 교과서를 넘어 교육을 바라보다
09. 실천사례 3 – 수포자 없는 수업을 꿈꾸는 교사
10. 실천사례 4 – 구증구포, 신뢰를 쌓는 평가
11. 실천사례 5 – 교사와 학생의 성장에 대한 신뢰

성 장
12. 일체화 실천 포인트 – 공감과 신뢰
13. 일체화 실천 포인트 – 관찰, 분석, 성찰
14. 일체화에 관한 오해와 진실
15. 일체화 실천을 위한 현실적 대안과 조언

강의 교수평기 일체화 교사동아리
김덕년 장학사님 / 이명섭 선생님 / 김학미 선생님 / 이윤진 선생님 / 정윤리 선생님
최미현 선생님 / 고은정 선생님 / 고민성 선생님 / 김지연 선생님 / 연현정 선생님

에듀니티 행복한연수원 원격연수 happy.eduniety.net

15시간 1학점 원격연수

학생과 교사 모두 존중받는,
내가 아닌 우리가 만드는
민주적인 교실

PDC 공감 멘토링
– 교실에서 답을 찾다

우리는 매일 아이들의 성장을 위한 여행을 합니다. 그 여행엔 즐거운 일도 많지만 하나하나 이야기 하기 어려울 정도의 많은 문제들도 있습니다. 이로 인해 많은 교사들이 좌절하고 상처를 받기도 합니다. 그리고는 교실을 나오면서 '나는 좋은 교사일까 좋지 않은 교사일까?'를 고민합니다.
이 연수는 지금도 이런 고민을 하고 있을 많은 교사들을 위해 기획되었습니다.
우수 사례가 아닌 우리 교실 속 일상의 모습을 담아 그 어려움에 공감하고, 함께 해결책을 찾는 여정을 담았습니다.

1. PDC로의 여행을 준비하다
2. 마음의 근육 – 소속감과 자존감
3. 감정 알아차림을 통해 서로를 이해하는 교실
4. 갈등상황도 배움의 기회로 만드는 교실
5. 함께 성장하는 교실 만들기
6. 서로를 존중하는 교실 만들기
7. 마음으로 다가가는 교실 만들기
8. 소통하는 교실 만들기
9. 협력적으로 문제를 해결하는 교실 만들기
10. 강점이 꽃피는 교실 만들기
11. PDC의 꽃, 학급회의 실제(1)
12. PDC의 꽃, 학급회의 실제(2)
13. 소속감과 함께 성장하는 교실
14. 작은 변화로 함께 성장하는 교실
15. 우리가 함께 만드는 PDC 교실

강의 김성환
현) 강하초등학교 교사
PD&PDC 대한민국 1호 미국협회 트레이너(Certified Positive Discipline Trainer)
격려상담사(Encouragement Counseling Educator 대한민국 1호)